全国中等职业技术学校汽车维修专业教材

汽车电气设备拆装与维修实训

人力资源和社会保障部教材办公室组织编写

中国劳动社会保障出版社

图书在版编目(CIP)数据

汽车电气设备拆装与维修实训/刘锋主编. —北京：中国劳动社会保障出版社，2011
全国中等职业技术学校汽车维修专业教材
ISBN 978 - 7 - 5045 - 9381 - 8

Ⅰ. ①汽…　Ⅱ. ①刘…　Ⅲ. ①汽车 - 发动机 - 装配（机械） - 中等专业学校 - 教材 ②汽车 - 发动机 - 车辆修理 - 中等专业学校 - 教材　Ⅳ. ①U464.06 ②U472.43

中国版本图书馆 CIP 数据核字（2011）第 252810 号

中国劳动社会保障出版社出版发行

（北京市惠新东街 1 号　邮政编码：100029）

出 版 人：张梦欣

*

国铁印务有限公司印刷装订　新华书店经销

787 毫米×1092 毫米　16 开本　13.75 印张　285 千字

2012 年 1 月第 1 版　　2022 年12月第13次印刷

定价：28.00 元

营销中心电话：400-606-6496

出版社网址：http://www.class.com.cn
http://jg.class.com.cn

简　介

汽车电气设备是汽车的重要组成部分，掌握其基本的拆装与检修技能十分重要。本书采用实训模式编写，设置典型的实训项目，锻炼学生的动手能力和职业素养，为后续专业课程的学习奠定扎实的基础。全书分为汽车电气系统总体构造认识、电源系统的拆装和检修、起动系统和点火系统的拆装和检修、照明与信号系统的拆装和检修、仪表系统和辅助装置的拆装和检修 5 个课题，采用大量高质量的图片详细讲解作业内容，对于学生操作技能的培养具有较好的效果。各项目后配有评价环节，便于学生总结和提高。

本书由刘锋主编，施保连副主编，杭晓林、陈华、张弛、董志明、韦利、俞海磊参加编写，祖国海主审。

前　言

随着汽车的逐步普及和交通运输业的发展，汽车保有量大幅增加，社会对汽车维修专业技能人才的需求日益增大，对其知识和能力的要求也在不断提高，这就对相应的职业教育和培训提出了更高、更新的要求。为了更好地满足社会对汽车维修专业技能人才的需求，满足中等职业技术学校汽车维修专业的教学需要，我们在广泛调研的基础上，组织行业专家、职业教育研究人员、学校一线骨干教师共同开发了本套全国中等职业技术学校汽车维修专业教材。

本套教材包括：《汽车文化》《汽车结构》《汽车识图》《机械常识与维修基础》《钳工与焊工基本技能》《汽车电路知识与基本操作技能》《汽车发动机构造与维修》《汽车电控发动机构造与维修》《汽车发动机拆装与维修实训》《汽车底盘构造与维修》《汽车底盘拆装与维修实训》《汽车底盘与车身电控技术》《汽车电气设备构造与维修》《汽车电气设备拆装与维修实训》《汽车自动变速器构造与维修》《汽车维护实训》《汽车故障诊断》等。

本套教材具有以下特色：

第一，以相关国家职业标准为依据，结合企业的用工要求，科学定位教材内容，体现汽车维修的技术发展和时代特征。

第二，综合考虑专业能力培养和教学操作性。本套教材采用模块化的教学设置，分为基础、发动机、底盘、电气、维护和选修 6 大模块。在车型选择上，尽量选用具有代表性的常见车型，增强教学的适用性。

第三，注重综合职业能力的培养。一方面选取了大量来源于企业和工厂的实际案例，营造真实的工作情景；另一方面设置了较大篇幅的实训内容，针对发动机、底盘、电气、维护还开发了相应的实训教材，培养学生扎实的汽车维修技能。

第四，教材编写采取新的模式，注重激发学生的学习兴趣，引导学生自主学习。教材编写中制作和拍摄了大量高质量的图片，避免大段文字的罗列，实训教材采用图表化的编写体例，符合学生的认知规律。

第五，本套教材配套开发了完善的教辅资源，包括习题册、教学参考书、多媒体教学课件等。

本套教材的编写得到了广东、广西、山东、山西、江苏、河北、陕西、四川、内蒙古等省（自治区）人力资源和社会保障部门，以及众多职业技术学校的支持和帮助，对此我们表示衷心的感谢。

人力资源和社会保障部教材办公室

2010 年 7 月

目　录

课题一　汽车电气系统总体构造认识 …… 1

课题二　电源系统的拆装和检修 …… 5

任务 1　蓄电池的拆装和检修 …… 5
任务 2　发电机的拆装和检修 …… 12

课题三　起动系统和点火系统的拆装和检修 …… 34

任务 1　起动机的拆装和检修 …… 34
任务 2　点火系统的拆装和检修 …… 55

课题四　照明与信号系统的拆装和检修 …… 70

任务 1　前照灯的拆装和检修 …… 70
任务 2　雾灯的拆装和检修 …… 85
任务 3　顶灯、后阅读灯、牌照灯、行李箱灯的拆装和检修 …… 98
任务 4　转向灯的拆装和检修 …… 116
任务 5　倒车灯的拆装和检修 …… 127
任务 6　制动灯的拆装和检修 …… 135

课题五　仪表系统和辅助装置的拆装和检修 …… 145

任务 1　仪表台的拆装和检修 …… 145
任务 2　电动车窗升降器的拆装和检修 …… 174
任务 3　雨刮器的拆装和检修 …… 187
任务 4　电动后视镜的拆装和检修 …… 199

课题一　汽车电气系统总体构造认识

实训目标：

1. 了解汽车电气系统的特点。
2. 掌握汽车电气各个系统的作用。
3. 能够说出汽车电气各个系统的组成。
4. 能够说出汽车电气系统各个零部件的名称。

实训设备：

1. 桑塔纳 2000 型轿车或其他轿车 1 辆。
2. 汽车电气系统挂图 1 套。

一、电气系统在整车中的位置

电气系统的功能是保证车辆在行驶过程中的可靠性、安全性和舒适性。汽车电气设备由电源和用电设备组成。电源包括发电机和蓄电池。用电设备种类和数量很多，不同车型之间存在一定差异。微机控制系统、传感器、执行器等一般归属于电气设备。

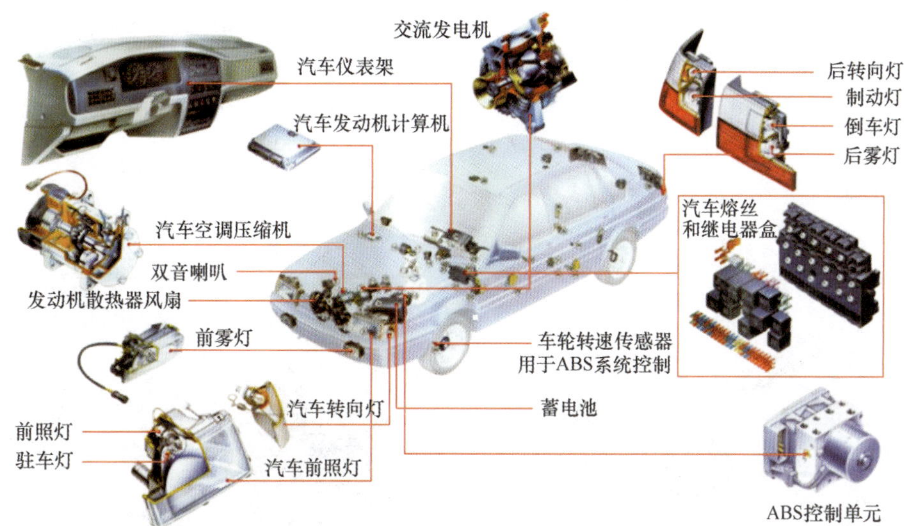

二、电源系统的总体结构

电源部分包括蓄电池和发电机。

1. 蓄电池

起动发动机时，蓄电池是汽车上供给起动机电流的唯一电源。当发电机不工作或转速较低，其电压低于蓄电池电压时，由蓄电池向全车用电设备供电；当用电设备接入较多时，可协助发电机向外供电。

2. 发电机

当发电机达到一定转速，其电压高于蓄电池电压时，发电机向全车用电设备供电，并向蓄电池充电。它是汽车运行中的主要电源。

1—蓄电池　2—发电机

三、起动系统及点火系统的总体结构

1. 起动系统

它由蓄电池供电，将电能转变为机械能带动发动机转动。完成启动任务后，立即停止工作。

起动系统一般由起动机、起动继电器、点火开关、电源（蓄电池）等组成。

2. 点火系统

点火系统是汽油机不可缺少的组成部分，其功能是按发动机工作顺序产生高压电并通过火花塞跳火，保证适时、准确地点燃气缸内的可燃混合气。

点火系统一般由凸轮轴位置传感器、爆震传感器、曲轴位置传感器、控制单元 ECU、点火线圈、火花塞等组成。

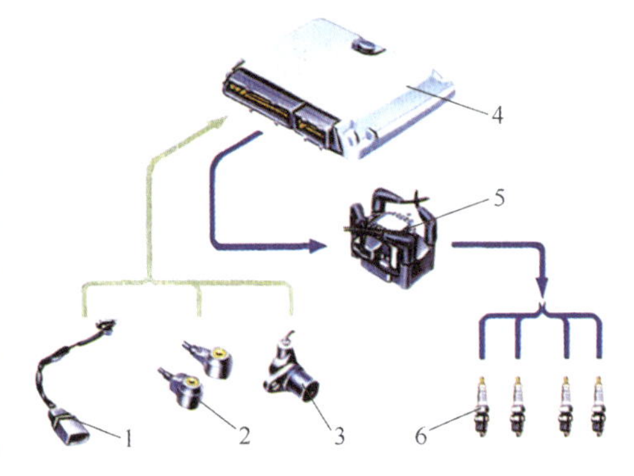

1—凸轮轴位置传感器　2—爆震传感器
3—曲轴位置传感器　4—控制单元 ECU
5—点火线圈　6—火花塞

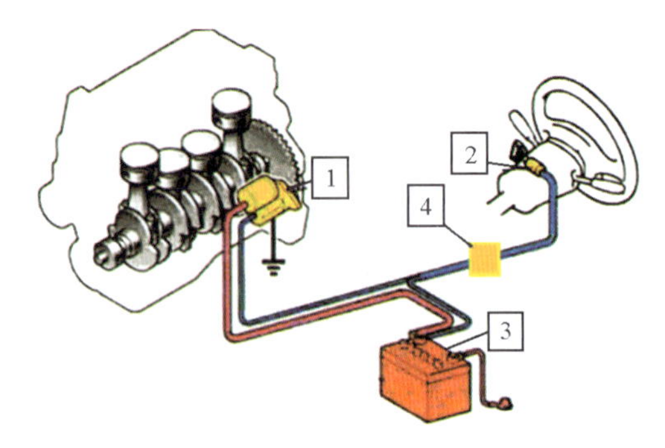

1—起动机　2—启动开关
3—蓄电池　4—启动继电器

四、照明及信号系统的总体结构

1. 照明系统

为了保障汽车行驶和道路安全以及满足汽车的使用要求，在汽车上装设有多种照明装置，用来照亮前方道路、车厢内部、行李箱及为夜间汽车检修提供照明等。

2. 信号系统

为了显示汽车整车或某一系统的工作情况，引起行人及驾驶员注意，保证行车安全，防止事故发生，汽车都安装有信号系统。

照明及信号系统包括前照灯、防雾灯、阅读灯、顶灯、牌照灯、转向灯、倒车灯、制动灯、驻车灯等。

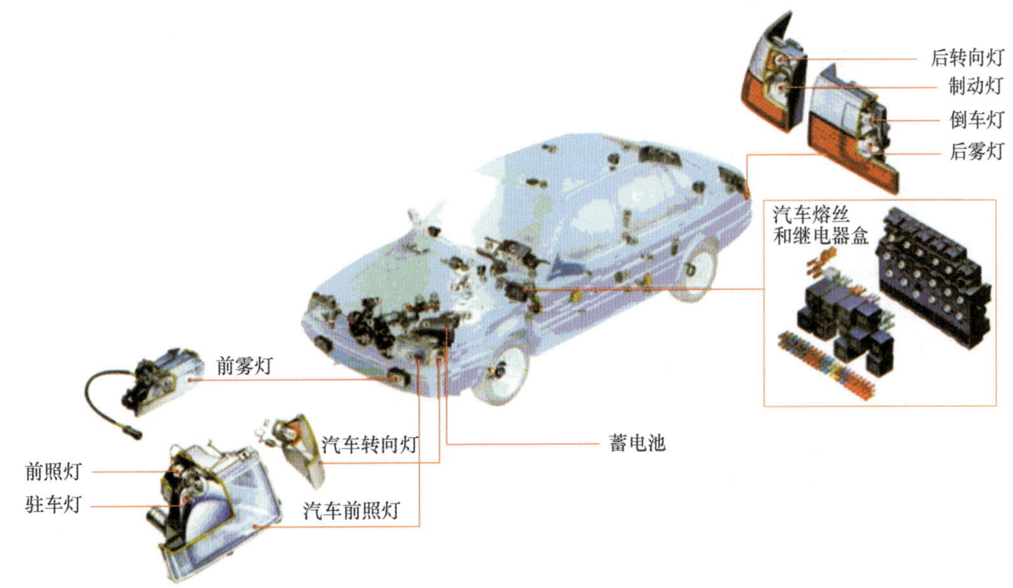

五、仪表及辅助系统的总体结构

1. 仪表系统

用来指示汽车运行以及发动机运转的状况，以便驾驶员随时了解各系统的工作情况，保证汽车可靠而安全地行驶。

仪表系统包括各种机械式或电子式的燃油表、机油压力表、水温表、电流表、车速里程表及各种显示装置及控制开关等。

2. 辅助系统

除以上基本电气设备外，汽车上还有许多其他电气设备，用于满足各种需要。

辅助系统包括电动车窗升降器、电动刮水器、电动后视镜等。

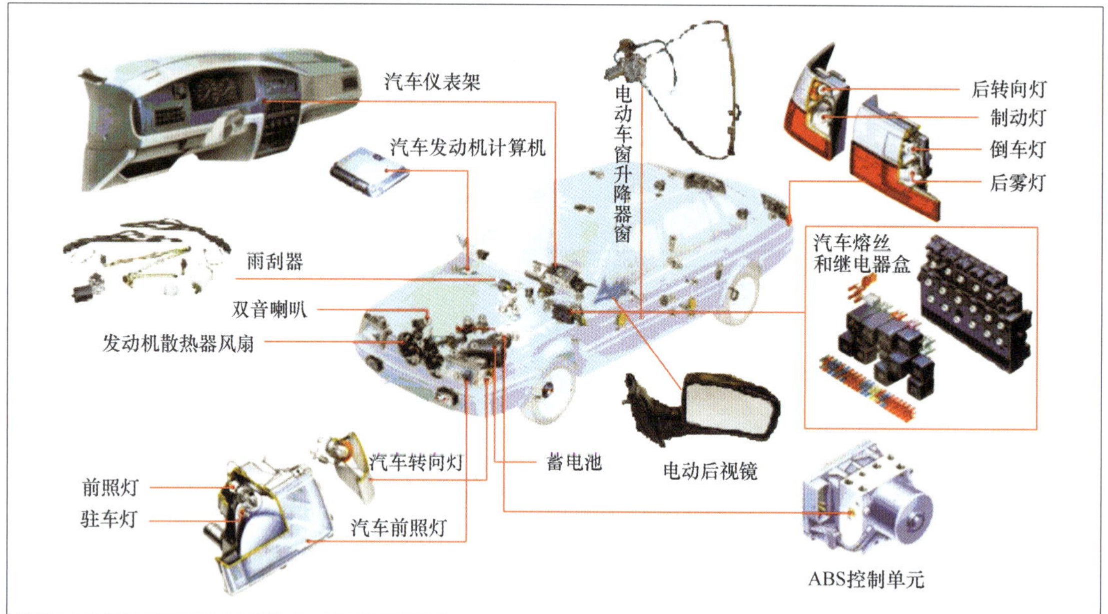

实训报告：

1. 对照实物，写出汽车电气系统各部件的名称。
2. 叙述汽车电气系统的作用。
3. 叙述照明系统的组成及作用。
4. 叙述信号系统的作用及组成。

课题二　电源系统的拆装和检修

任务 1　蓄电池的拆装和检修

实训目标：

1. 了解蓄电池的功用、结构。
2. 能够正确完成蓄电池的拆卸和安装。
3. 会对蓄电池进行正确的检查。
4. 掌握蓄电池拆装的注意事项。

实训设备：

1. 桑塔纳 2000 型轿车 1 辆，工具车 1 台。
2. 常用工具 1 套。
3. 万用表、高率放电计、电解液密度计、玻璃管各 1 只。
4. 桑塔纳 2000 型轿车维修手册 1 套、蓄电池挂图 1 套。

技能训练：

一、操作前的准备工作

1. 将工位清理干净。
2. 准备好相关的工具、物品等。

提示：

◆养成良好的工作习惯，做好事前准备，有助于安全操作和提高工作效率。

<table>
<tr><th colspan="2">二、拆卸蓄电池</th></tr>
<tr><td></td><td>1. 关闭点火开关。
提示：
◆拆卸蓄电池前必须关闭所有用电设备。</td></tr>
<tr><td></td><td>2. 打开发动机舱盖，并支撑牢靠。
提示：
◆轿车蓄电池一般安装在发动机舱的左前部。
注意：
支撑应牢固，防止造成人身伤害事故。</td></tr>
<tr><td></td><td>3. 拆下蓄电池的负极（搭铁）接线。
a. 拧松蓄电池负极夹头螺栓，取下负极导线夹头。
b. 使负极夹头可靠离开蓄电池负极柱。
提示：
◆拆卸搭铁线之前，对带有故障自诊断功能的车辆，用故障诊断仪读取故障代码，防止故障代码和有关资料信息丢失。
◆若蓄电池接线柱螺栓锈蚀难以取出，切忌敲打，以免接线柱断裂、极板活性物质脱落。可用热水冲洗后，拧开螺栓，用夹头拉器将夹头取下。
注意：
拆卸时，先拆蓄电池负极线，后拆正极线，避免造成电路短路。</td></tr>
</table>

4. 拆下蓄电池正极接线。

提示：

◆松开蓄电池正极夹头螺栓，取下正极导线夹头。

5. 拆下蓄电池固定压板。

提示：

◆桑塔纳轿车蓄电池压板位于蓄电池侧面。

6. 从机架中取出蓄电池。

提示：

◆先向外拉出后再取下。

注意：

蓄电池搬动时不可倾斜，应轻搬轻放。

三、蓄电池的检查

1. 蓄电池外观检查。

提示：

◆观察蓄电池有无壳体破损、极柱腐蚀等现象。

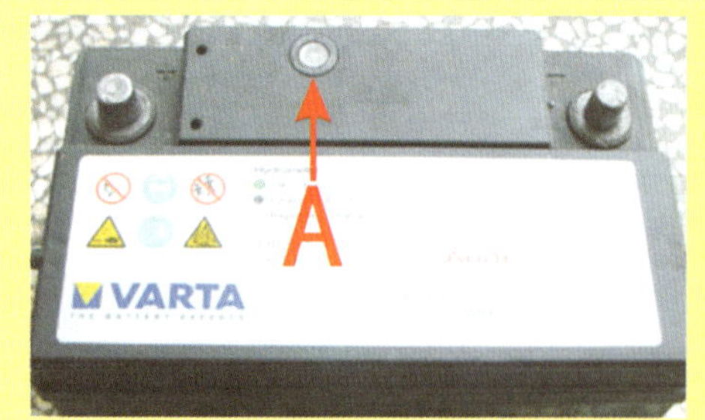	2. 查看免维护型蓄电池技术状态指示器。 提示： ◆如指示器顶部圆点呈绿色，说明技术状态良好。 ◆如指示器顶部圆点呈黑色，应及时补充充电。 ◆如指示器顶部圆点呈白色，必须更换蓄电池。 注：标志“A”为蓄电池技术状态指示器。
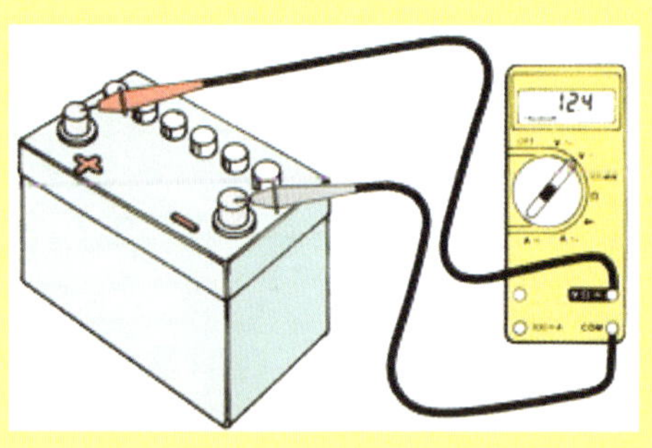	3. 用万用表测蓄电池电压。 提示： ◆将万用表的正表笔接蓄电池正极，负表笔接蓄电池负极，查看万用表显示的直流电压数值。 ◆若电压： （1）小于 12 V，说明蓄电池过量放电。 （2）在 12.2 ~ 12.5 V 之间，说明蓄电池部分放电。 （3）大于 12.5 V，说明蓄电池存电充足。
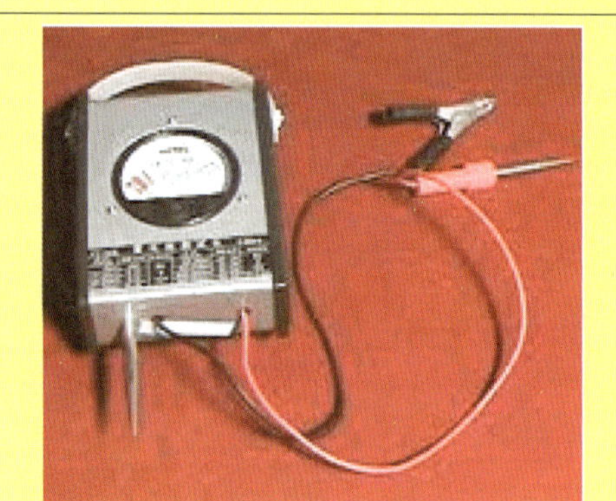 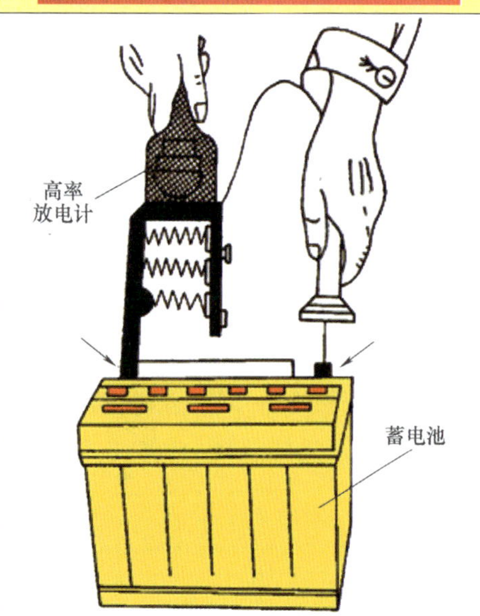	4. 用高率放电计检查蓄电池放电程度。 提示： ◆将蓄电池充满电，用力将高率放电计触针刺在蓄电池的正、负极上，保持 15 s。 （1）电压能保持在 10.6 V 以上，说明蓄电池存电量充足，无故障。 （2）电压能保持在 9.6 ~ 10.6 V 之间，说明蓄电池性能良好，但存电量不足。 （3）若电压迅速下降，说明蓄电池有故障。 ◆存电量不足需及时充电。 ◆蓄电池的充电方法有： （1）定压充电。 （2）定流充电。

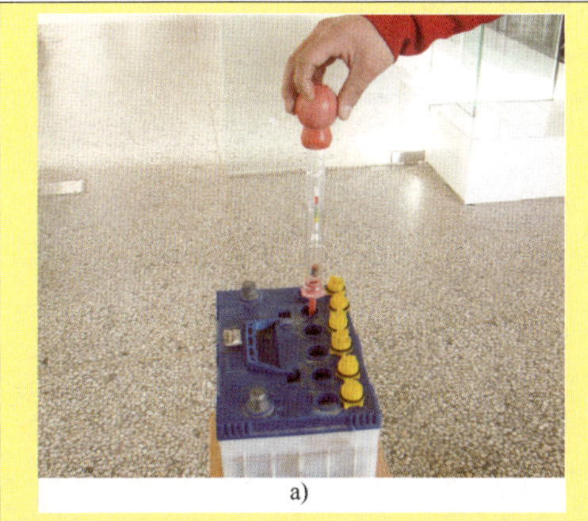

a)

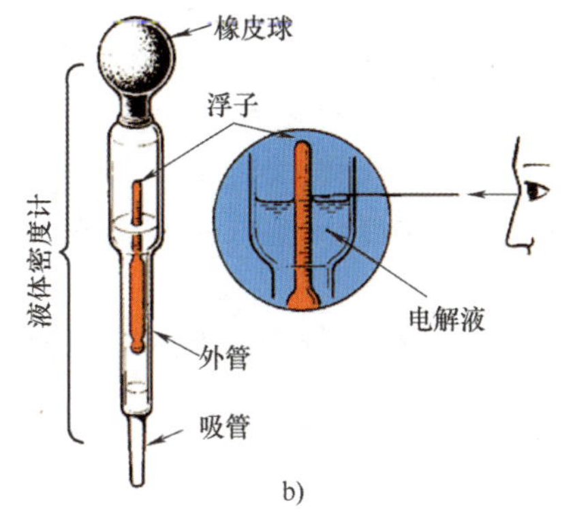
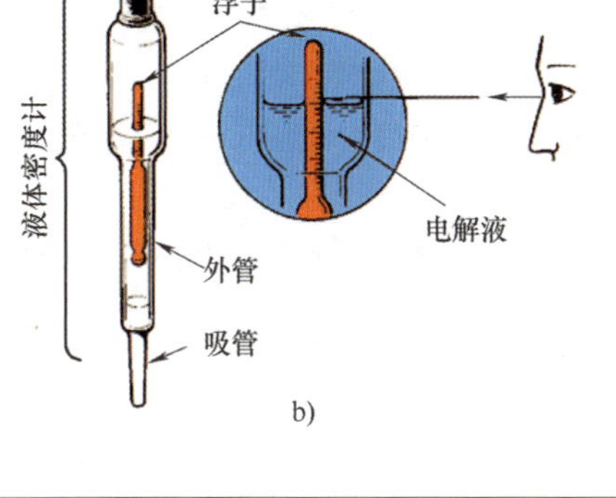

b)

5. 用电解液密度计检查电解液密度。

将密度计吸入电解液（见图 a），使浮子浮起，电解液液面所在的刻度即为相对密度（见图 b），根据电解液相对密度的变化可估算出放电程度。

提示：

◆应同时测出电解液温度，以将测得的密度值换算到25℃进行修正：$\rho_{25}=\rho t+\beta\ (t-25)$。

◆电解液相对密度每减少 0.01，相当于蓄电池放电 6%，故可估算出放电程度。当判定蓄电池在夏季放电超过 50%，冬季放电超过 25% 时不宜再使用，应及时进行充电，否则会使蓄电池使用寿命缩短。

◆如蓄电池上无加液孔盖则无须检查。

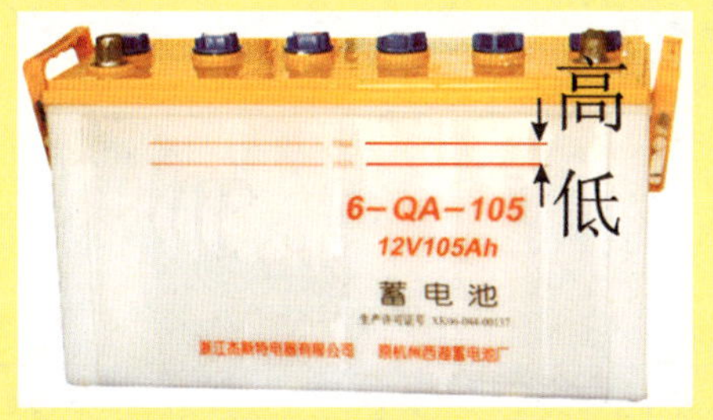

6. 液面高度的检查。

a. 液面高度测量法。

提示：

◆对使用透明塑料外壳的蓄电池，可观察液面高度，应在高、低两条高度指示线之间。

◆不符合要求时应添加蒸馏水，直至液面在上、下液位高度指示线之间。

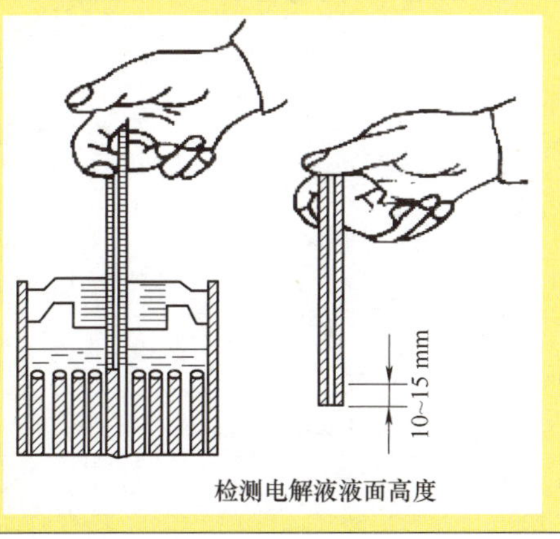

检测电解液液面高度

b. 玻璃管测量法。

提示：

◆橡胶外壳蓄电池用空心玻璃管插入蓄电池电解液内极板的上平面处，用大拇指按紧玻璃管上端并提起，玻璃管内的液面高度即为蓄电池内的电解液液面高度。

◆电解液液面应高出极板 10 ~ 15 mm。

◆不符合要求时应添加蒸馏水。

◆如蓄电池上无加液孔盖则无须检查。

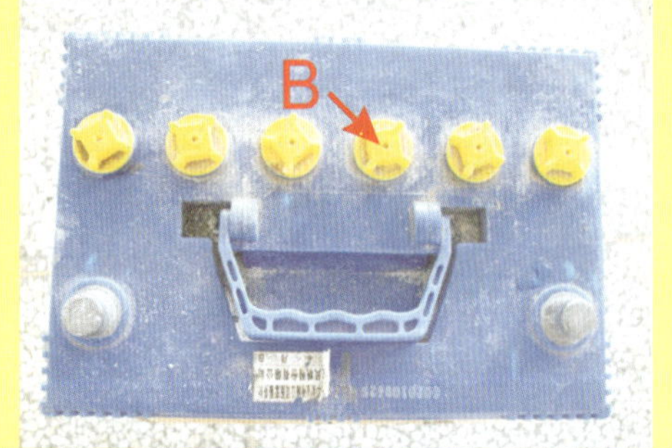

7. 对蓄电池进行保养。

提示：

◆维护时一般用热水（或苏打水）清洁蓄电池外壳灰尘，清除极柱上的氧化物，保持外壳密封性良好，通气孔畅通。

◆必要时使用专用充电机对蓄电池进行充电。

◆标志“A”和“B”均为蓄电池的通气孔。

四、蓄电池的安装

1. 将蓄电池放入机架中。
2. 用压板压在蓄电池底部凸缘上，拧紧固定螺栓。

提示：

◆安装时应关闭所有用电设备。

◆蓄电池的安装应牢固可靠。

◆螺栓拧紧力矩为 15 N·m。

 	3. 安装蓄电池正极接线，拧紧夹头螺母。 提示： ◆连接接线柱夹头时，螺栓和螺母的螺纹应先涂润滑脂，以防其氧化生锈，便于以后拆卸。 ◆接线柱与夹头连接应牢固可靠，不能有松动。 ◆螺母拧紧力矩为 10 N·m。 注意： 如先安装搭铁（负极）线，在安装正极线时易发生短路。
 	4. 安装蓄电池负极（搭铁）线，拧紧夹头螺母。 提示： ◆螺母拧紧力矩为 10 N·m。 注意： 蓄电池正接线柱旁标有“+”标记，负接线柱旁标有“-”标记。 注：蓄电池的选用 （1）电压必须和汽车电气系统的额定电压一致。 （2）容量必须满足汽车起动的要求。

训 练 评 价

考核要求：

1. 在规定的时间内完成对蓄电池的拆装和检修，使之符合技术标准。
2. 在操作过程中出现的违规操作，应及时指正。
3. 符合安全文明生产的要求。

考核标准：

考评标准表——蓄电池的拆装和检修

考核时间	考 核 项 目	分值	评分标准与指导	评价结果
30 min	正确使用工具	10	工具使用不当酌情扣分，并指正	
	关闭点火开关	5	不关闭点火开关，扣5分	
	拆卸蓄电池负极接线	5	按要求酌情扣分，并指正	
	拆卸蓄电池正极接线	5	按要求酌情扣分，并指正	
	拆卸蓄电池固定压板	5	按要求酌情扣分，并指正	
	取出蓄电池	5	蓄电池搬动时倾斜，扣5分	
	蓄电池检查	35	按要求酌情扣分，并指正	
	安放蓄电池	5	蓄电池搬动时倾斜，扣5分	
	安装蓄电池固定压板	5	按要求酌情扣分，并指正	
	安装蓄电池正极接线	5	按要求酌情扣分，并指正	
	安装蓄电池负极接线	5	按要求酌情扣分，并指正	
	整理工具、清理现场	10	每项扣2分，扣完为止	
	遵守相关安全操作规范		先拆卸蓄电池正极，终止考核，成绩按0分计 先安装蓄电池负极，终止考核，成绩按0分计 因违规操作发生人身和设备事故，终止考核，成绩按0分计 超时每分钟扣2分，超时5 min终止考核	
	分数合计	100		

实训报告：

1. 叙述拆装蓄电池的步骤及要求。
2. 叙述拆装蓄电池的注意事项。
3. 列举蓄电池有哪些检查方法。

任务2 发电机的拆装和检修

实训目标：

1. 了解发电机的功用、结构和组成。
2. 能够熟练地完成发电机总成的拆装。
3. 能够正确地对发电机进行分解、检测和组装。
4. 会对发电机故障进行检修。
5. 掌握拆装发电机的注意事项。

实训设备：

1. 桑塔纳 2000 型轿车 1 辆，零件车 1 台，工具车 1 台。
2. 常用工具 1 套，万用表 1 只，桑塔纳专用工具 1 套。
3. 桑塔纳 2000 型轿车维修手册 1 套，发电机的相关挂图、图册等。

技能训练：

一、操作前的准备工作

1. 将工位清理干净。
2. 准备好相关的工具、物品等。

提示：

◆养成良好的工作习惯，做好事前准备，有助于安全操作和提高工作效率。

二、拆卸蓄电池负极接线

1. 关闭点火开关。
2. 拆卸蓄电池电极柱接线。

注意：

汽车电器设备维修或拆装前，应先断开电源。

拆卸蓄电池负极线后，使之可靠离开负极柱，以防短路事故。

三、拆卸发电机传动带

1. 松开发电机传动带。

提示：

◆用活扳手扳住传动带张紧器的凸缘部位。

◆沿顺时针方向转动扳手，将张紧器旋转到底，松开传动带。

	2. 固定张紧器。 提示： ◆将销钉插入张紧器端面小孔，固定张紧器。 注意： 张紧器弹力较大，应将张紧器转动到位后，方可将其固定。
	3. 从发电机上取下传动带。 提示： ◆检查传动带的损坏情况，如有裂口和破损应更换相同规格的传动带。 ◆传动带在取下前应做好方向记号。
四、拆卸发电机	
	1. 拆卸发电机支架上部固定螺栓。 提示： ◆上部固定螺栓为 M6 内六角螺栓。
	2. 拆卸发电机下部贯穿螺栓和螺母。 提示： ◆拆卸时用扳手将后端的螺母固定，再拆卸连接螺栓。 ◆下部贯穿螺栓为 M8 内六角螺栓。

	3. 从支架上取下发电机。 注意： 因发电机上的连接导线未拆卸，取出时不可过度向外拉拽，以防损坏导线。
	4. 拆卸发电机“B+”接线柱上导线。 提示： ◆发电机后端接线柱标志“B+”：发电机输出（正极）接线柱，通过导线与蓄电池“+”极连接。
	5. 拆卸发电机“D+”接线柱上导线。 提示： ◆发电机后端接线柱标志“D+”：发电机励磁绕组接线柱，通过电刷将电流引入转子上的励磁绕组。
	6. 取下发电机。 提示： ◆发电机外壳为铝合金材料制成，应轻拿轻放，以防损坏。

五、分解发电机	
	1. 清洁发电机。 清除发电机表面的油污和灰尘，清洁接线柱。 提示： ◆使用软布、毛刷清洁发电机表面、接线柱上的油污、灰尘。 ◆清洁时不能使发电机内部受潮。 注：桑塔纳 2000 型轿车采用整体式（电压调节器安装在发电机内部）交流发电机；发电机搭铁形式为外搭铁，调节器形式为集成电路式（IC 调节器），采用 11 管硅整流器。
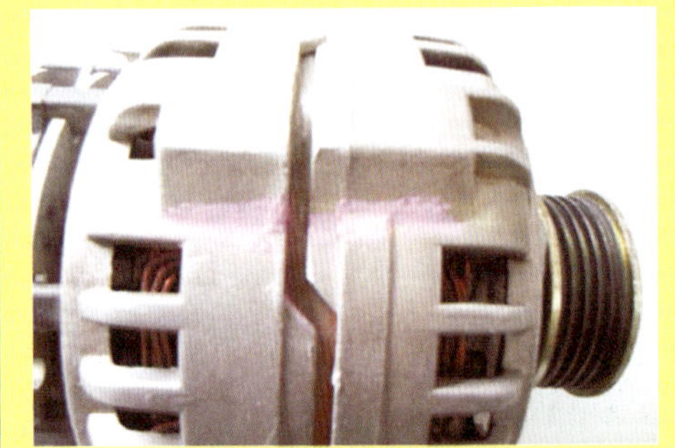	2. 在发电机前后端盖和定子上做好装配标记。
	3. 拆下“D +”“B +”接线柱上的螺母和垫片。
	4. 拆下后罩盖固定螺钉，取下后罩盖。 提示： ◆有 3 颗固定螺钉。

	5. 拆下固定电刷组件和调节器总成的两个固定螺钉。
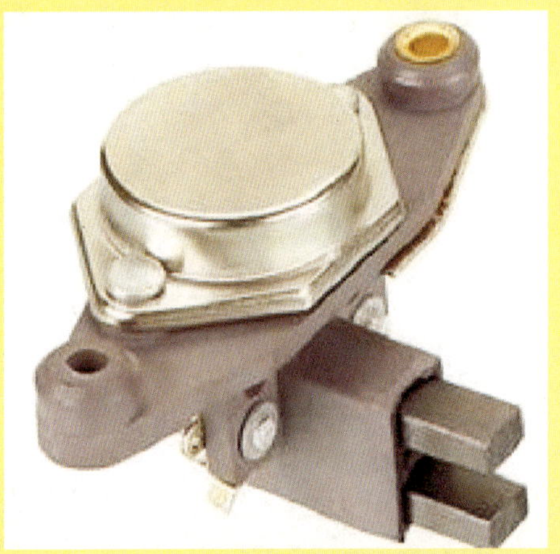	6. 取下电刷和 IC 调节器组件。 提示： ◆调节器的作用是使发电机输出电压稳定在规定的范围内（12. 5 ~ 14. 5 V）。
	7. 拧下整流器的 3 个固定螺栓。
	8. 拆下连接前、后端盖的固定螺栓，使装有转子的前端盖与装有定子的后端盖分离。 提示： ◆有 4 个固定螺栓。

	9. 拆下整流器组件的固定螺栓。
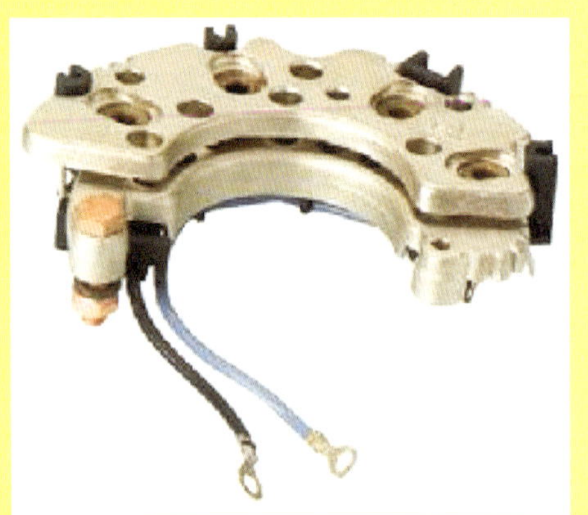	10. 从后端盖上取下整流器组件和定子总成。
	11. 用电烙铁焊开定子绕组与整流二极管的引线，使定子总成与整流器组件分离。 提示： ◆整流器的功用是将三相绕组产生的交流电变为直流电。
	12. 使定子与后端盖分离。 提示： ◆定子的作用是产生三相交流电。

	13. 拆卸带轮的紧固螺母。 提示： ◆将转子用软物包好夹在台虎钳上，用扳手拆卸。
	14. 用拉拔器取下带轮和半圆键。
 	15. 用拉拔器使转子总成与前端盖分离。 提示： ◆转子的作用是产生磁场。

六、发电机主要部件检测

	1. 转子总成检测。 a. 断路及短路的检查。 提示： ◆用万用表检查两集电环之间的电阻，其数值应为 3 ~ 4 Ω。 ◆电阻值无穷大，表明有断路故障。 ◆电阻值小于 3 Ω，表明有短路故障。

<table>
<tr>
<td></td>
<td>b. 搭铁检查。
◆用万用表检查集电环与转子轴之间的电阻，其数值应为无穷大，否则表明有搭铁故障。</td>
</tr>
<tr>
<td>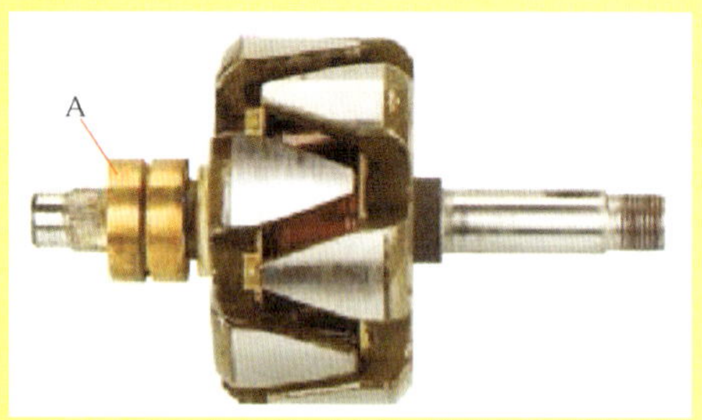</td>
<td>c. 集电环的检查。
提示：
◆集电环 A 表面应光洁平整，两集电环之间的槽内不得有油污和异物。
◆集电环表面如有烧蚀或失圆，可用车床进行修整，再用细砂布抛光并吹净粉屑，最大偏摆量应不超过 0.05 mm。
◆集电环厚度应大于等于 2 mm。
◆集电环磨损不得超过 0.5 mm。</td>
</tr>
<tr>
<td></td>
<td>d. 前、后轴承的检查。
提示：
◆转子轴上的前、后轴承应转动灵活，无明显的杂音，滚珠与滚道上应无斑点，轴承的轴向、径向间隙应小于等于 0.2 mm。
◆转子表面如有刮痕，表明轴承松旷，应更换前、后轴承。
◆若轴承内缺油应更换轴承。</td>
</tr>
<tr>
<td></td>
<td>2. 定子总成检查。
a. 定子总成的总体检查。
提示：
◆定子绕组表面不得有刮痕、碰伤、绝缘剥落等现象。</td>
</tr>
</table>

	b. 搭铁检查。 提示： ◆将中性点用电烙铁烫开，使三相绕组各导线分开，用万用表分别测试定子铁心与绕组各端子之间的电阻，阻值应为无穷大，否则表明有搭铁故障，应修理或更换定子。
	c. 断路检查。 提示： ◆用万用表分别检查每两个绕组引线之间的电阻，应导通，否则有断路，应更换定子。
	d. 绝缘检查。 提示： ◆检查绕组表面，漆包线应无变色和严重脱漆皮现象。 ◆用万用表分别检测定子铁心与各绕组首端间的电阻值，应为无穷大。
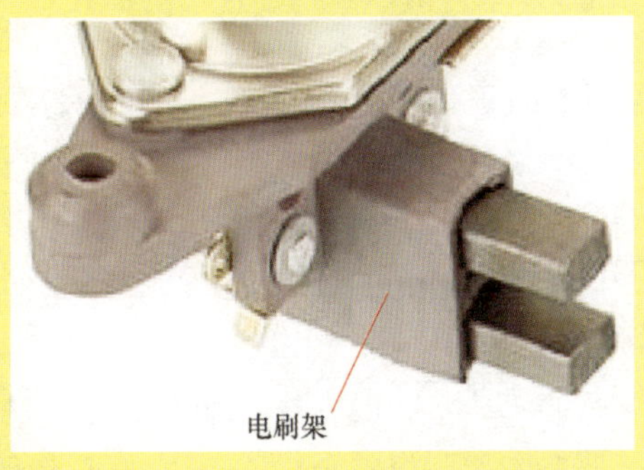 	3. 电刷架组件检修。 a. 电刷架检查。 提示： ◆电刷架不得有裂纹、变形、弹簧折断或锈蚀现象，否则应更换。

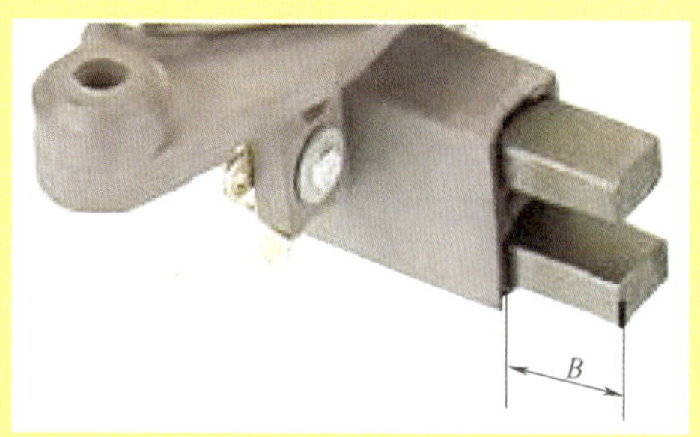	b. 电刷的检查。 提示： ◆新电刷的长度为 13 mm，用直尺检查外露长度 B 不小于 7 mm。允许磨损极限为 5 mm，超过时应更换。 ◆电刷表面如有油污应用干布擦净，电刷在电刷架内应滑动自如。
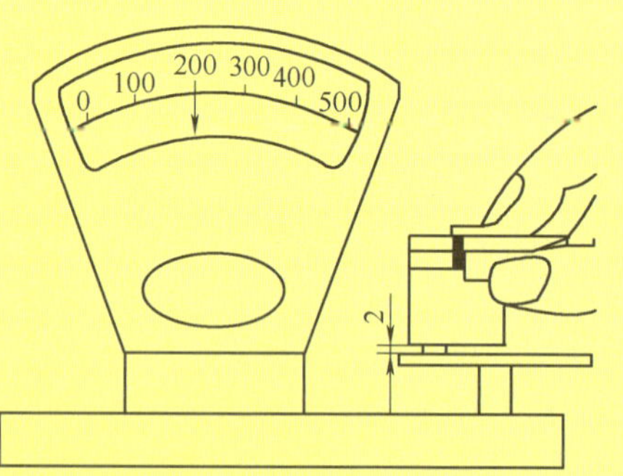	c. 电刷弹簧的检查。 提示： ◆用天平秤的钩子勾住电刷弹簧，当电刷从电刷架中露出长度为 2 mm 时，天平秤上指示的读数即为电刷弹簧压力，其值应为 2 ~ 3 N，弹簧弹力过小时，应更换新电刷。
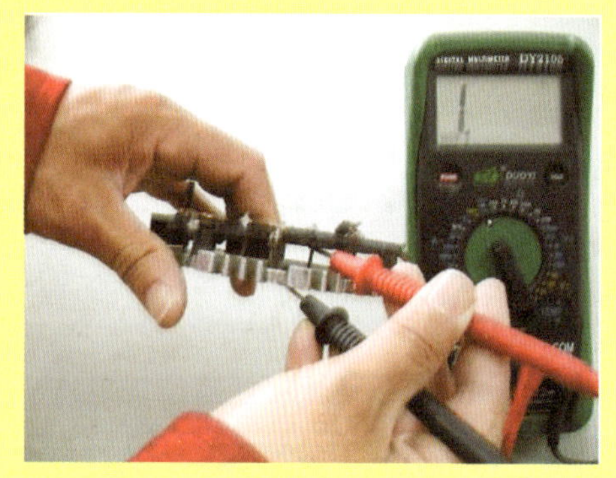	4. 整流器检修。 a. 二极管正向电阻的检测。 提示： ◆将万用表的负表笔接二极管底板上的粗螺栓，正表笔依次接和定子绕组相接的各接点，每次测得的阻值均应为 50 ~ 80 Ω。 ◆将万用表的两个表笔对调后，测量其电阻值应为 8 ~ 10 Ω。 ◆测得的数值不正常说明有故障，应更换新品。
	b. 负二极管反向电阻的检测。 提示： ◆将万用表的正表笔接散热架（负极），负表笔依次与各结合点相接，每次测得的阻值均应为 50 ~ 80 Ω。 ◆将万用表的两个表笔对调后，测量其电阻值应大于 10 kΩ。 ◆整流器的数值不符说明有故障，应更换新品。

七、组装发电机	
	1. 在轴承内填入润滑脂，将前端盖安装在转子轴上，将半圆键放在轴端的键槽中。
	2. 将转子用软物包好夹在台虎钳上，装上弹簧垫片和紧固螺母，按规定力矩拧紧。
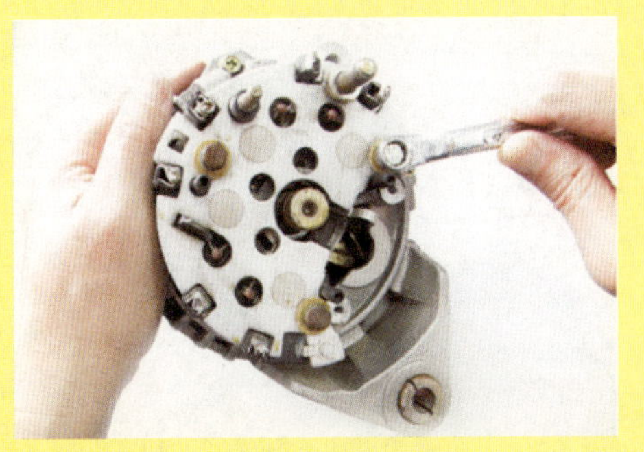	3. 将定子总成与后端盖按正确位置装好，再将整流器与后端盖装好并将定子绕组的引线与整流器焊接好。拧紧整流器组件的紧固螺栓。
	4. 将前端盖与转子总成、后端盖与定子总成按做好的装配标记对齐后装好。

	5. 将连接前、后端盖的4个紧固螺栓拧紧。
	6. 装上电刷与IC调节器组件，并将两个固定螺钉拧紧。 提示： ◆电刷与滑环接触应良好。
	7. 装上后罩盖，拧紧3个固定螺钉。
	8. 安装“D+”“B+”接线柱上的螺母和垫片。

<table>
<tr><th colspan="2">八、安装发电机</th></tr>
<tr><td></td><td>1. 将发电机放在安装机架边。
提示：
◆将清洁后的发电机按带轮端朝向传动带方向放在其机架边。</td></tr>
<tr><td></td><td>2. 连接发电机“B+”接线柱上导线。
提示：
◆将连接发电机正极的导线端子安装在有“B+”标志的螺栓上，拧上螺母后再拧紧至规定力矩。
◆拧紧力矩为15 N·m。</td></tr>
<tr><td></td><td>3. 连接发电机“D+”接线柱上导线。
提示：
◆将输入发电机励磁电流的导线端子装在有“D+”标志的螺栓上。
◆螺母拧紧力矩为10 N·m。</td></tr>
<tr><td>
</td><td>4. 安放发电机
提示：
◆将发电机安装在机架上，发电机壳体上的支撑孔与安装在发动机上的机架上的孔对齐。
◆发电机壳体上的支撑孔应在机架上的支撑孔内侧。
注：A：机架支撑孔；B：发电机壳体支撑孔。</td></tr>
</table>

	5. 安装发电机贯穿螺栓。 提示： ◆将 M8 内六角贯穿螺栓同时穿过发电机壳体上的支撑孔和机架上的孔，在后端拧上螺母。 ◆用扳手将后端螺母固定后再拧紧贯穿螺栓。 ◆拧紧力矩为 45 N・m。
	6. 安装发电机上部固定螺栓。 提示： ◆上部固定螺栓直接与机架上的螺孔连接。 ◆拧紧力矩为 25 N・m。
	7. 安装传动带。 提示： ◆传动带若不更换，需按箭头标记方向安装。 ◆要保证传动带安放在带轮的槽中。
	8. 放松张紧器。 提示： ◆用活扳手扳住传动带张紧器的凸缘部位，逆时针转动，松开张紧器，拔出销钉，再顺时针转动使张紧器处于自由状态压紧传动带。 ◆装有传动带张紧器的发电机不需检查传动带松紧度。

<table>
<tr><th colspan="2">九、检查发电机工作情况</th></tr>
<tr><td></td><td>1. 安装蓄电池负极接线。
◆螺栓拧紧力矩 10 N · m。</td></tr>
<tr><td>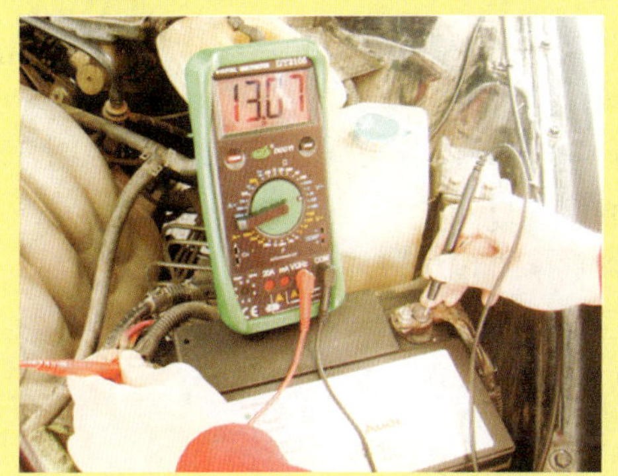</td><td>2. 测试发电机充电电压。
提示：
◆起动发动机，使其转速保持在 2 000 r/min。
◆用万用表的直流挡检测蓄电池的充电电压。
◆充电电压规定值：13.5～15.0 V。如读数不符合要求，应检查调节器或发电机。
◆发电机运转时，不能用试火花的方法检查发电机是否发电。</td></tr>
<tr><th colspan="2">十、发电机故障排除</th></tr>
<tr><td>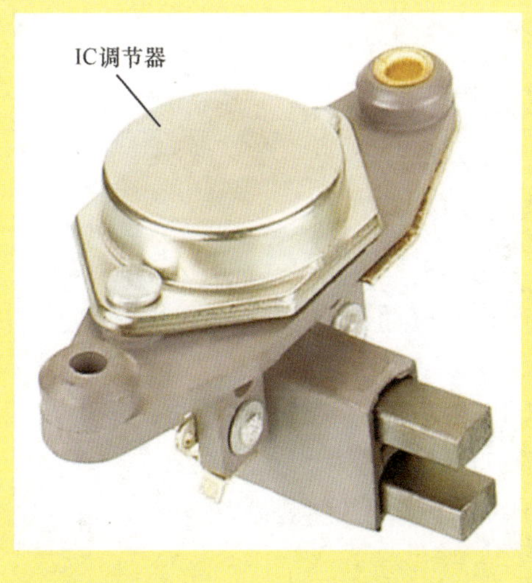
</td><td>1. 充电电流过大。
提示：
◆主要原因是电压调节器损坏，应更换。
◆更换调节器时，拆下调节器总成的两个固定螺钉，即可将其取下。
◆充电电流过大会损坏汽车上的电气设备。</td></tr>
</table>

<table>
<tr>
<td></td>
<td>2. 充电电流过小。
a. 检查发电机传动带张紧度。
提示：
◆发现传动带有磨损严重或损坏迹象要及时更换。
◆装有自动张紧器的带传动系统不需人工调节，只需检查张紧器是否转动灵活即可。</td>
</tr>
<tr>
<td>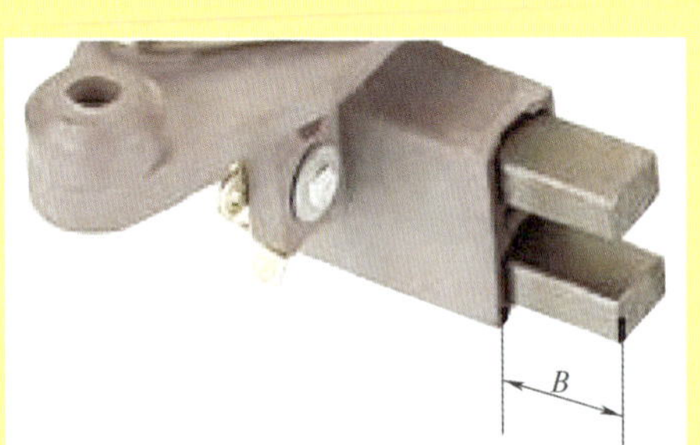
</td>
<td>b. 检查电刷。
提示：
◆新电刷的长度为 13 mm，用直尺检查外露长度 B 不小于 7 mm。允许磨损极限为 5 mm，超过时应更换。
◆电刷表面如有油污应用干布擦净，电刷在电刷架内应滑动自如。
◆电刷长度不符合要求需更换。</td>
</tr>
<tr>
<td>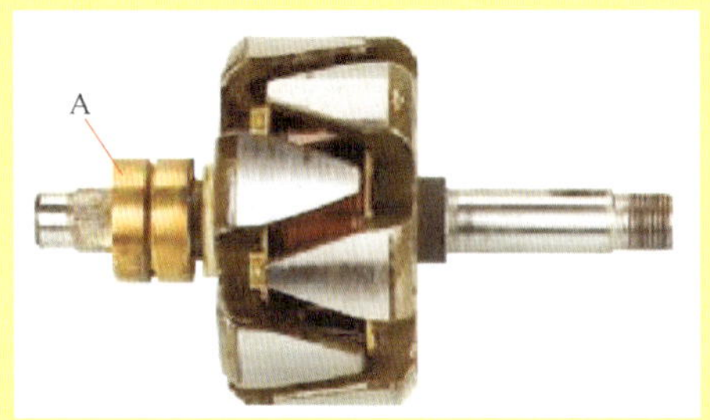
</td>
<td>c. 检查集电环。
提示：
◆集电环 A 表面应光洁平整，两集电环之间的槽内不得有油污和异物。</td>
</tr>
<tr>
<td>
</td>
<td>d. 检查定子绕组。
提示：
◆检查绕组表面漆包线应无变色和严重脱漆。
◆用万用表分别检测定子铁心与各绕组首端间的电阻值，应为无穷大。
◆定子绕组短路需更换新品。</td>
</tr>
</table>

	e. 检查转子绕组。 提示： ◆用万用表检查两集电环之间的电阻，其数值应为 3 ~4 Ω。 ◆小于 3 Ω 时，说明有短路故障。 ◆转子绕组短路需更换新品。
	3. 发电机不发电。 a. 检查发电机接线。 提示： ◆按要求连接发电机线束，保持导线连接良好。
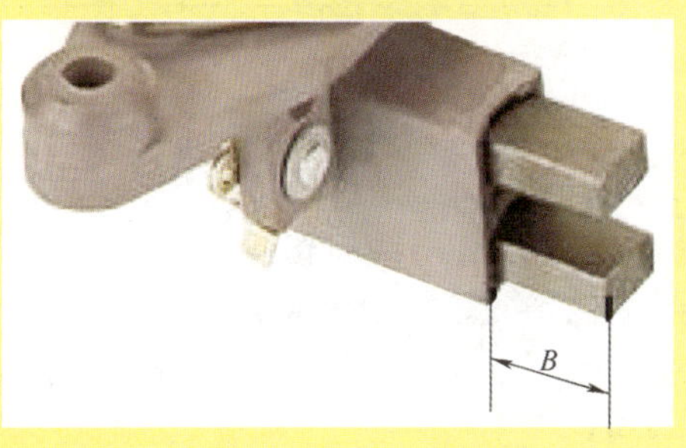	b. 检查电刷。 提示： ◆新电刷的长度为 13 mm，用直尺检查外露长度 B 不小于 7 mm。允许磨损极限为 5 mm，超过应更换。 ◆电刷表面如有油污应用干布擦净，电刷在电刷架内应滑动自如。 ◆电刷长度不符合要求需更换。
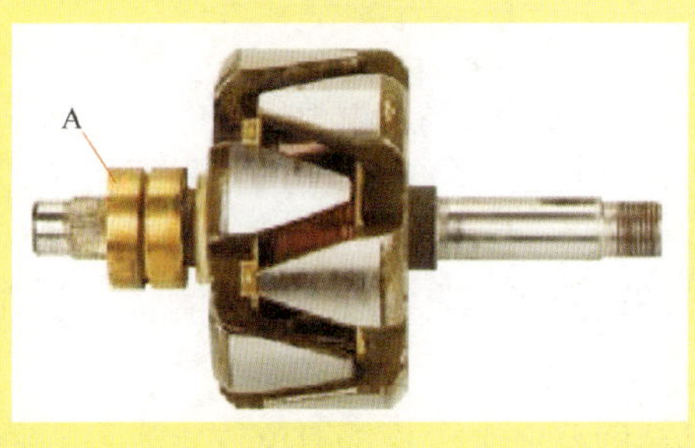	c. 检查集电环。 提示： ◆集电环 A 表面应光洁平整，两集电环之间的槽内不得有油污和异物。 ◆集电环表面如有烧蚀或失圆，可用车床进行修整，再用细砂布抛光并吹净粉屑，最大偏摆量应不超过 0.05 mm。 ◆集电环厚度应大于等于 2 mm。 ◆集电环外径不得小于标准直径 0.5 mm。

	d. 检查定子绕组。 提示： ◆用万用表分别检查每两个绕组引线之间的电阻，应导通，否则表明有断路，应更换定子。
	e. 检查转子绕组。 提示： ◆用万用表检查两集电环之间的电阻，其数值应为 3 ~ 4 Ω。
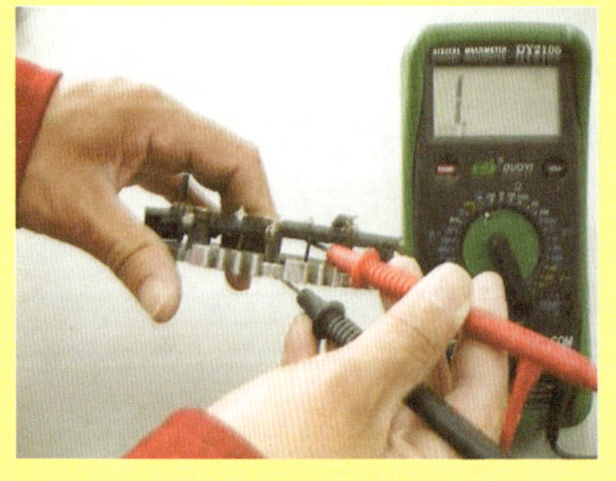	f. 检查桥式整流器。 提示： ◆将万用表的负表笔接二极管底板上的粗螺栓，正表笔依次接与定子绕组相接的各接点，每次测量的电阻值均应为 50 ~ 80 kΩ。 ◆将万用表的两个表笔对调后，测量其电阻值应大于 10 kΩ。 ◆整流器的数值不符说明有故障，应更换新品。
	提示： ◆将万用表正表笔接散热架（负极），负表笔依次与各接点相接，每次测量的电阻值均应为 50 ~ 80 Ω。 ◆将万用表的两个表笔对调后，测量其电阻值应大于 10 kΩ。 ◆整流器的数值不符说明有故障，应更换新品。

知识链接：

发电机是汽车的主要电源，在发动机正常运转时（怠速以上），向所有用电设备（起动机除外）供电，同时向蓄电池充电。

现代汽车一般都使用交流发电机，经整流器将交流电转变成直流电向用电设备供电。

一、桑塔纳 2000 型轿车电源系统电路组成

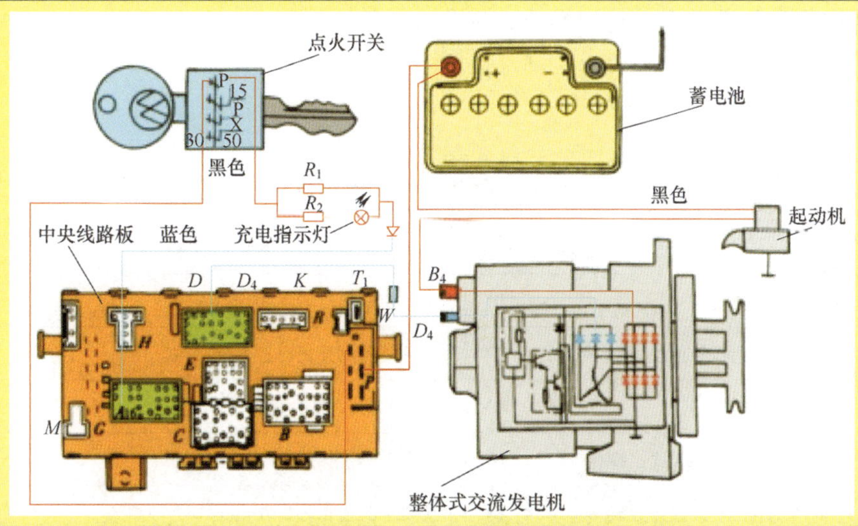

二、车用交流发电机的结构图

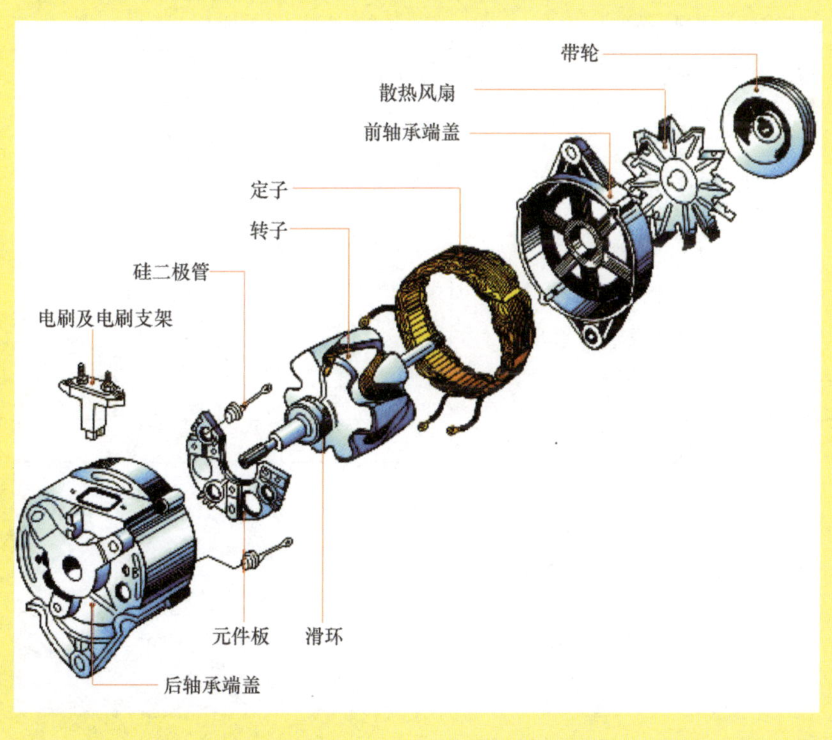

训 练 评 价（一）

考核要求：

1. 在规定的时间内完成发电机的拆装和充电检查，使之符合技术标准。
2. 在操作过程中出现的违规操作，应及时指正。
3. 符合安全文明生产的要求。

考核标准：

考评标准表——拆装发电机

考核时间	考 核 项 目	分值	评分标准与指导	评价结果
30 min	正确使用工具	10	工具使用不当酌情扣分，并指正	
	拆卸蓄电池负极接线	5	不关闭点火开关，扣 5 分	
	拆卸发电机传动带	10	未做标记，扣 10 分	
	拆卸发电机上、下固定螺栓	10	按要求酌情扣分，并指正	
	拆卸发电机上的连接导线	10	按要求酌情扣分，并指正	
	装复发电机上、下固定螺栓	10	按要求酌情扣分，并指正	
	安装发电机的连接导线	10	按要求酌情扣分，并指正	
	装复发电机传动带	10	不按原方向安装，扣 10 分	
	连接蓄电池负极接线	5	按要求酌情扣分，并指正	
	测试发电机充电电压	10	按要求酌情扣分，并指正	
	整理工具、清理现场	10	每项扣 2 分，扣完为止	
	遵守相关安全操作规范		因违规操作发生人身和设备事故，终止考核，成绩按 0 分计 超时每分钟扣 2 分，超时 5 min 终止考核	
	分数合计	100		

训 练 评 价（二）

考核要求：

1. 在规定的时间内完成发电机发电量过大、过小或不发电的故障排除。
2. 在操作过程中出现的违规操作，应及时指正。
3. 符合安全文明生产的要求。

考核标准：

考评标准表——发电机故障排除

考核时间	考 核 项 目	分值	评分标准与指导	评价结果
60 min	描述故障现象	10	故障现象描述不正确，扣 10 分 故障现象描述不准确，酌情扣分	
	分析故障原因	30	故障原因分析不正确，扣 30 分 故障原因分析不全面，酌情扣分	
	检查故障	20	不能明确故障点，扣 20 分	
	排除故障	10	故障点不能排除，扣 10 分	
	故障排除后检验	10	故障排除后不检验，扣 10 分	
	正确使用工具	10	工具使用不当酌情扣分，并指正	
	整理工具、清理现场	10	每项扣 2 分，扣完为止	
	遵守相关安全操作规范		因违规操作发生人身和设备事故，终止考核，成绩按 0 分计 超时每分钟扣 2 分，超时 5 min 终止考核	
	分数合计	100		

实训报告：

1. 叙述拆装发电机的步骤。
2. 叙述发电机主要部件的检测方法。
3. 叙述拆装发电机的注意事项。

课题三　起动系统和点火系统的拆装和检修

任务 1　起动机的拆装和检修

实训目标：

1. 了解起动机的功用、结构和组成。
2. 能够熟练地完成起动机总成的拆装。
3. 能够正确地对起动机进行分解、检测和组装。
4. 会对起动机故障进行检修。
5. 掌握拆装起动机的注意事项。

实训设备：

1. 桑塔纳 2000 型轿车 1 辆，零件车 1 台，工具车 1 台。
2. 常用工具 1 套，万用表 1 只，抹布若干。
3. 桑塔纳 2000 型轿车维修手册 1 套，起动机的相关挂图、图册若干。

技能训练：

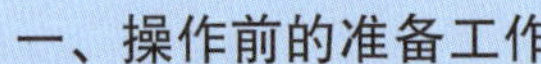

一、操作前的准备工作

1. 将工位清理干净。
2. 准备好相关的工具、物品等。

提示：

◆养成良好的工作习惯，做好事前准备，有助于安全操作和提高工作效率。

二、拆卸蓄电池负极接线

1. 关闭点火开关。
2. 打开发动机舱盖并支撑牢靠。
3. 拆卸蓄电池负极柱接线。

注意：

拆卸蓄电池负极接线后，使之可靠离开负极柱，以防发生短路事故。

三、拆卸起动机

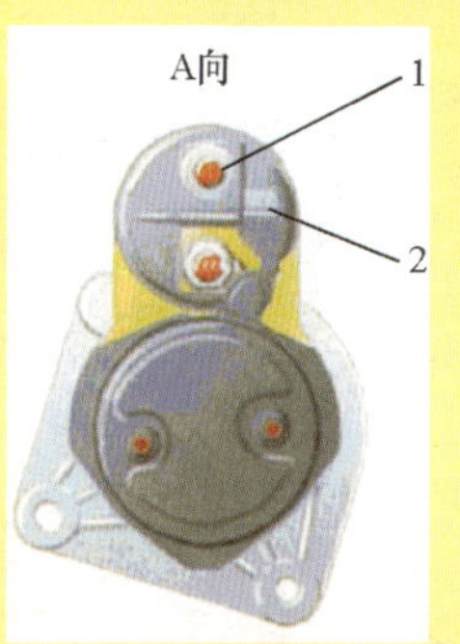

1—“30”接线端子　2—“50”接线端子

1. 拆卸起动机接线。

a. 拔下起动机电磁开关接线端子上的插头。

从车辆底部发动机部位找到起动机，拔下起动机电磁开关“50”接线柱上的插头（图中的标志“2”）。

提示：

◆拆卸起动机前，将车辆停放在举升机上，并可靠定位，再将车辆举升到适当高度。

◆接线端子标志“50”：电磁开关线圈接线端子，与点火开关“50”接线端子连接。

◆起动机安装在变速器壳体上（见起动系统的组成图）。

b. 拆卸电磁开关接线柱上的固定螺母。

提示：

◆接线柱标志“30”：起动机电源接线端子，与蓄电池正极连接（见上图中标志“1”）。

◆固定螺母为 M8。

c. 取下起动机电源导线。

提示：

◆从“30”接线柱上取下，电源导线不能弯曲。

<table>
<tr><td></td><td>d. 检查连接起动机的导线接头。
提示：
◆检查电磁开关线圈连接导线和起动机电源导线的接头有无锈蚀，必要时应进行清洁。</td></tr>
<tr><td></td><td>2. 拆卸起动机总成。
a. 拆下固定起动机的 3 个固定螺栓。
b. 取下起动机。
提示：
◆起动机控制电路的前端盖固定在变速器壳体上实现负极搭铁。</td></tr>
<tr><td></td><td>3. 清洁起动机外部。
提示：
◆主要清洁表面的油污和灰尘。
◆如需检测起动机主要部件，可对起动机进行分解。
◆桑塔纳 2000 型轿车使用永磁减速式起动机，由直流电动机、传动机构和控制装置三部分组成。
◆起动机额定电压为 12 V，额定功率为 0.95 kW，最大输出转矩不小于 13 N · m，最大起动电流为 110 A。</td></tr>
<tr><td colspan="2">四、分解起动机</td></tr>
<tr><td></td><td>1. 拆下电磁开关与起动机间导线的固定螺母，取下导线接头。</td></tr>
</table>

	2. 拆下固定电磁开关的螺栓。
	3. 拆下起动机端盖的 3 个固定螺栓。
	4. 取下前端盖。
	5. 拆下固定电磁开关的两个螺钉。
	6. 取下电磁开关。

	7. 拔下拨叉中部的轴销。
	8. 将拨叉与单向离合器分离。
	9. 将拨叉与铁心分开。
	10. 拆下单向离合器的卡环，取下单向离合器。

	11. 取下减速齿轮组件。
	12. 拆下后端盖上的两个螺母，取下后端盖。
	13. 取下电刷弹簧。 提示： ◆取时应小心，防止弹簧飞出伤人。
	14. 取出两个电刷和绝缘垫片。

	15. 取下电刷架。
	16. 撬下电枢轴上的小盖帽。
	17. 拔下轴端卡环。
	18. 将电枢转子从壳体中取出，取下电枢轴端上的垫片，清洁后准备检测各部件。
五、起动机主要部件的检测	
	1. 壳体的检查。 提示： ◆壳体应完好，无凹陷。 ◆壳体内部的永久磁铁无破损，定位正确。 ◆永磁式起动机磁场由永久磁铁产生。

	2. 电枢的检测。 a. 电枢绕组搭铁的检测。 提示： ◆万用表的两表笔分别连接电枢铁心与换向片，万用表应不导通。如导通说明电枢绕组搭铁，须更换电枢总成。
	b. 电枢绕组断路的检查。 提示： ◆将万用表两表笔分别接在相邻两换向片上，万用表应导通，如不导通说明电枢绕组断路。 ◆电枢绕组采用截面为矩形的导线绕制，一般不易发生断路故障，如有断路，通过外观检查就可发现，出现断路用电烙铁焊好即可。
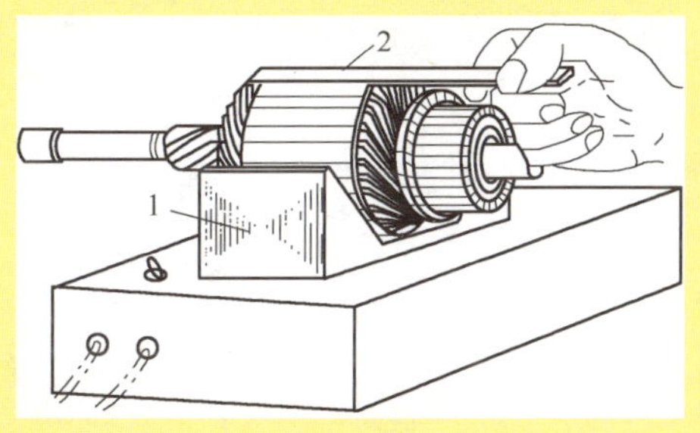	c. 电枢绕组短路的检测。 提示： ◆将电枢放在电枢检验仪的 U 形铁心 1 上，并在电枢上放一钢锯条 2，接通检验仪电源，再缓缓转动电枢一周，钢锯条应不跳动。如果钢锯条跳动说明电枢绕组有短路故障。
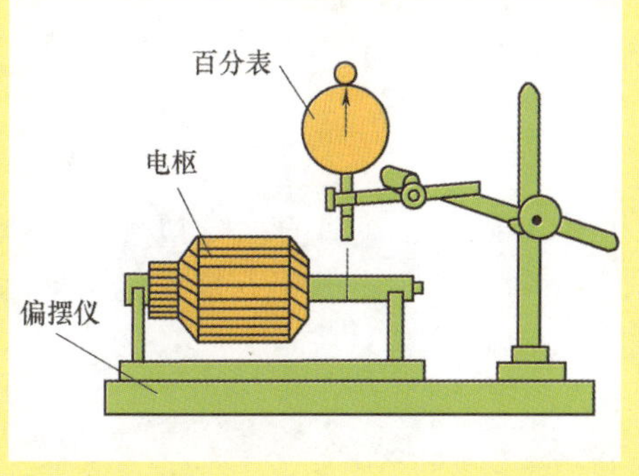	d. 电枢轴的跳动检查。 提示： ◆电枢轴的跳动量应小于等于 0.08 mm，否则应校正电枢轴或更换电枢总成。

<table>
<tr>
<td></td>
<td rowspan="2">3. 换向器的检测。
a. 换向器表面的检查。
提示：
◆如表面有脏污，可用棉纱蘸少量汽油擦拭干净；如表面不平或有轻微烧蚀，可用“00”号砂纸打磨。
◆换向器失圆的检查方法与电枢轴的跳动检查方法相同，把百分表的表头置于换向器表面，转动电枢，径向圆跳动应小于等于0.05 mm。</td>
</tr>
<tr>
<td></td>
</tr>
<tr>
<td>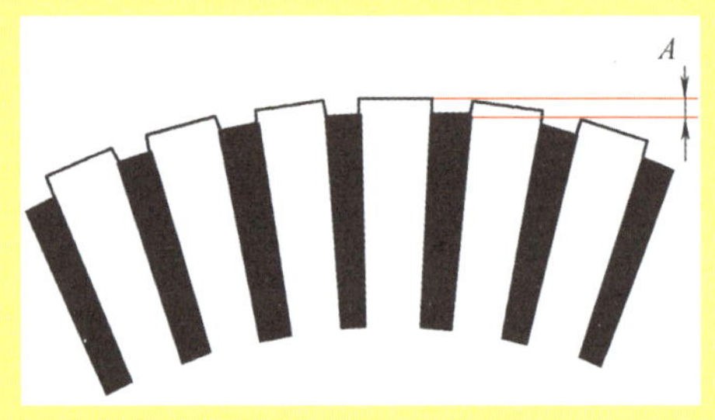</td>
<td>b. 换向器绝缘（云母）片的检查。
提示：
◆绝缘（云母）片的深度 A 一般为0.5～0.8 mm。</td>
</tr>
<tr>
<td>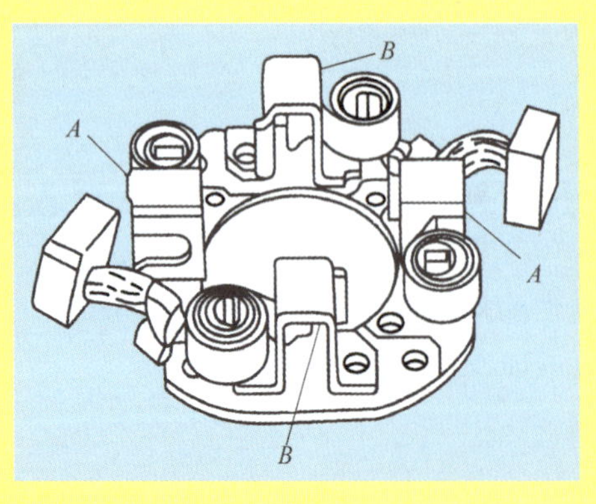</td>
<td>4. 电刷组件的检测。
a. 电刷架的检测。
提示：
◆用万用表检查电刷架的绝缘情况。检查“＋”电刷架 A 和“－”电刷架 B 之间电阻应为∞，如导通应更换电刷架总成。</td>
</tr>
</table>

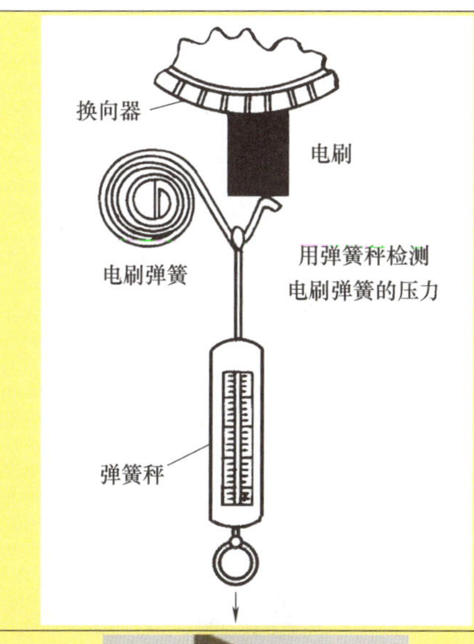	b. 电刷弹簧的检测。 提示： ◆用弹簧秤检测电刷弹簧的压力。 ◆压力一般为 11.7～14.7 N，如测量结果不符合规定应更换。
 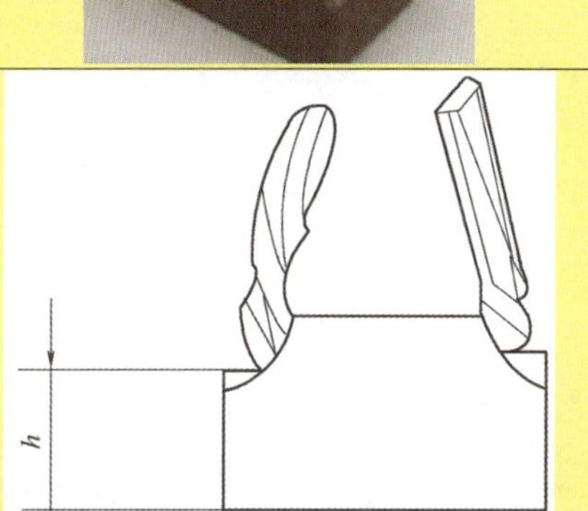	c. 电刷的检查。 提示： ◆电刷的高度低于原高度 h 的 2/3（新电刷高度 h 一般为 14 mm）时，应更换新品。 ◆电刷与换向器的接触面积应大于电刷表面积的 75%。
	5. 单向离合器检查。 提示： ◆检查时，一只手捏住离合器壳体，另一只手逆时针转动驱动齿轮时齿轮应锁止，当顺时针转动驱动齿轮时应能灵活自如地转动，否则应更换新品。

<table>
<tr><td>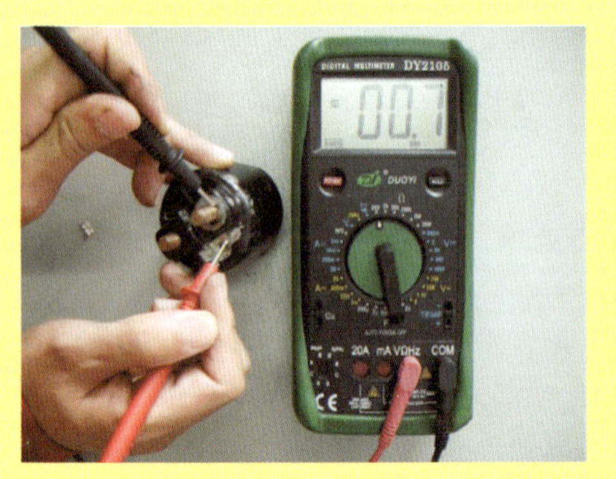
</td><td>6. 电磁开关的检测。
a. 吸引线圈的检测。
提示：
◆用万用表测量电磁开关的“50”端子与“C”端子间的电阻，阻值应为0.3～0.5 Ω，如测量结果不符合规定说明有故障，应更换。</td></tr>
<tr><td>
</td><td>b. 保持线圈的检测。
提示：
◆用万用表测量电磁开关测量结果的“50”端子与外壳间的电阻，阻值应为1.0～1.2 Ω，如测量结果不符合规定说明有故障，应更换。</td></tr>
<tr><td colspan="2">六、组装起动机</td></tr>
<tr><td>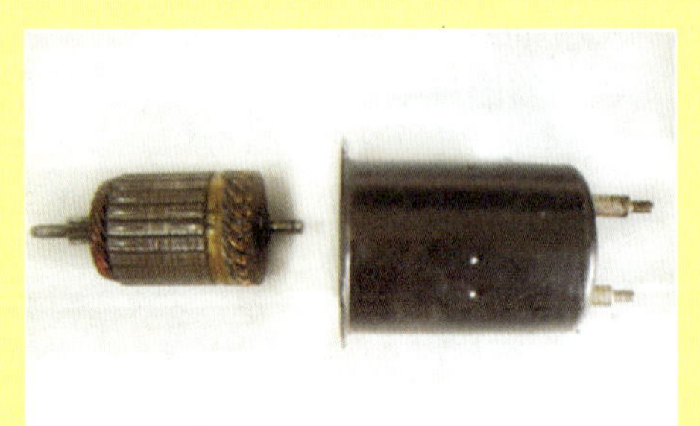</td><td>1. 将垫片装入电枢轴，再将电枢装进壳体。
提示：
◆安装时，防止垫片失落。</td></tr>
<tr><td></td><td>2. 从外端将卡环装上电枢轴端。</td></tr>
</table>

	3. 将盖帽装上电枢轴端。
	4. 装上电刷架。 提示： ◆安装后检查电刷位置的正确性。
	5. 将两个电刷放进电刷架的孔中。
	6. 安装电刷弹簧。 提示： ◆操作时应小心，防止弹簧飞出伤人。

	7. 将电刷上电缆的另一端定位好，再将两个绝缘垫片放在电刷的上部。
	8. 装上后端盖，拧紧两个螺母。 提示： ◆拧紧力矩 10 N · m。
	9. 将减速齿轮与电枢上的齿轮安装好。 提示： ◆检查减速齿轮，应转动灵活。
	10. 将盖板和壳体组装好。 提示： ◆通过定位销进行定位。

	11. 装上单向离合器，将卡环装在轴上。 提示： ◆单向离合器上的驱动齿轮应在外侧。
	12. 将拨叉一端与铁心连接好，另一端装在单向离合器中，用轴销将拨叉在盖板上定位。
	13. 拧紧盖板与电磁开关的两个固定螺钉。 提示： ◆拧紧力矩 8 N · m。
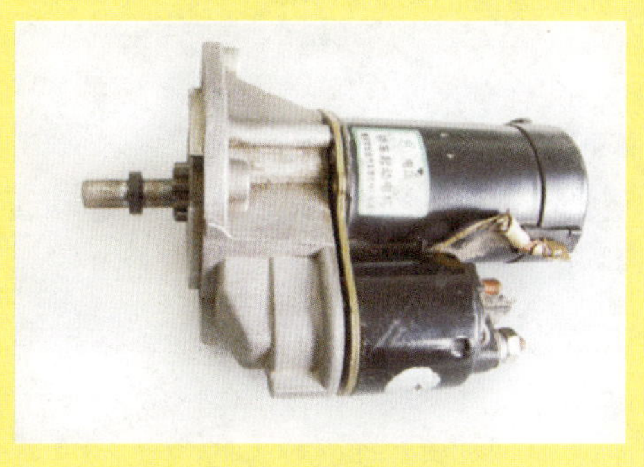	14. 装上起动机前端盖。 提示： ◆注意前端盖位置应正确。

	15. 拧紧电磁开关与前端盖的固定螺钉。 提示： ◆拧紧力矩 8 N·m。
	16. 将起动机的电缆线与电磁开关的接线柱连接好，拧紧螺母。 提示： ◆拧紧力矩 20 N·m。
七、安装起动机	
	1. 安放起动机。 2. 将 3 个固定螺栓对角分 2 ~3 次拧紧。 提示： ◆安装时，起动机应位置正确，保证起动机驱动齿轮和发动机飞轮齿圈能正确啮合。 ◆固定螺栓的拧紧力矩为 20 N·m。
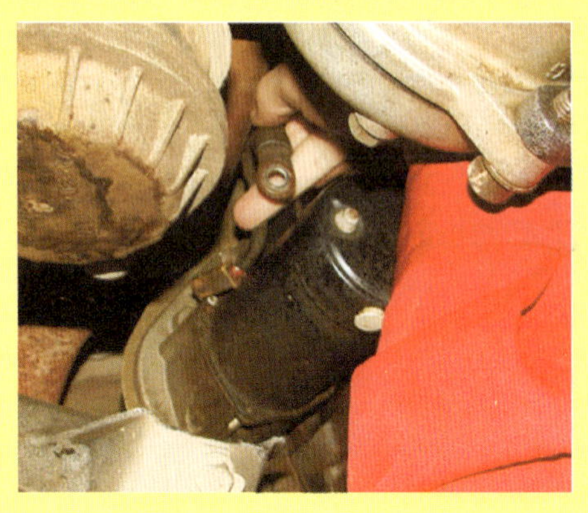	3. 连接起动机电源导线。 a. 将清洁后的电源导线端子安装在起动机“30”接线柱上。

	b. 拧紧“30”接线柱螺母。 提示： ◆固定螺母的拧紧力矩为 20 N·m。 ◆导线的连接应牢固可靠。
	c. 插接起动机“50”接线柱连接的导线端子。 提示： ◆导线端子的插接应牢固可靠。
八、检查起动机工作状况	
	1. 安装蓄电池负极接线。 提示： ◆螺栓拧紧力矩 10 N·m。 ◆蓄电池应完全充足电且状态良好。
	2. 起动发动机。 提示： ◆发动机起动应平稳，且在 5 s 内点火工作。 ◆起动机运转应正常，无异响。

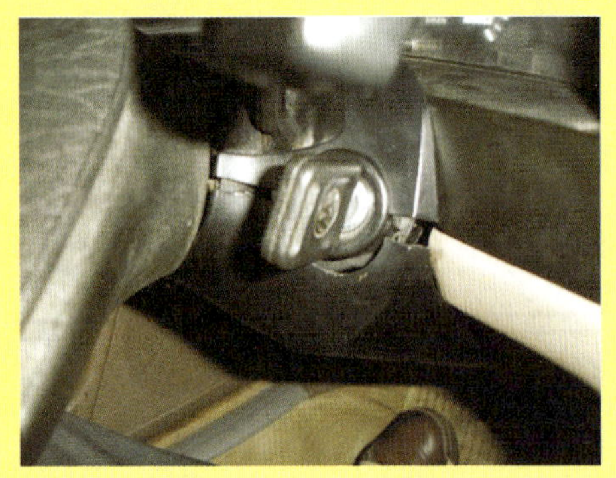

3. 松开点火开关。

提示：

◆点火开关应自动回位到第二挡（ON 挡）。

◆起动机应立即停止工作，同时驱动齿轮缩回。

九、起动机故障排除

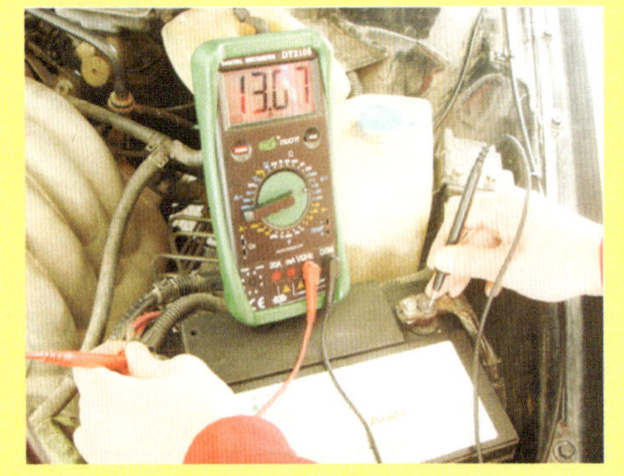

1. 起动机不工作故障。

a. 检查蓄电池电压。

提示：

◆开前照灯或按喇叭，如灯光暗淡或喇叭声音很小说明蓄电池的电量不足。

◆用万用表检查蓄电池电压应大于等于 12 V，电压不符合要求需对其充电或更换蓄电池。

◆起动机运转无力故障的排除与起动机不工作故障的排除基本相同。

b. 检查电磁开关。

提示：

◆用旋具连接起动机蓄电池接线柱与励磁线圈接线柱，若起动机转动良好说明电磁开关接触不良，否则说明电动机内部有故障。

◆电磁开关有故障应更换。

◆接通起动机电路时，时间不能超过 5 s。

c. 检查点火开关及起动系统电路。

提示：

◆检查点火开关的“30”与“50”端子，在 ST 挡时应导通。

◆起动机电路中导线各处应连接良好。

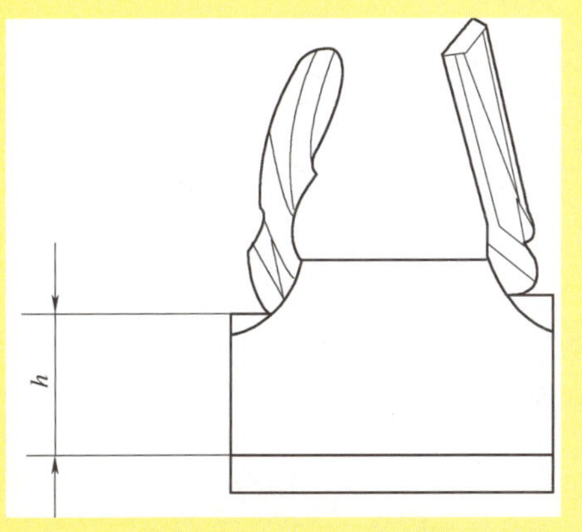

d. 检查电动机电刷。

提示：

◆电刷的高度低于原高度 h 的 2/3（新电刷高度 h 一般为 14 mm）时，应更换新品。

◆电刷与换向器的接触面积应大于电刷面积的 75%。

e. 检查电动机换向器。

提示：

◆如表面有脏污，可用棉纱蘸少量汽油擦拭干净；如表面不平或有轻微烧蚀，可用“00”号砂纸打磨。

◆换向器失圆的检查方法与电枢轴的跳动检查方法相同，把百分表的表头置于换向器表面，转动电枢，径向圆跳动应小于等于 0.05 mm，否则应校正。

	f. 检查电动机壳体（定子总成）。 提示： ◆壳体应完好，无凹陷。 ◆壳体内部的永久磁铁无破损，定位正确。 ◆永磁式起动机磁场由永久磁铁产生。
	g. 检测电枢绕组绝缘情况。 提示： ◆用万用表的两表笔分别连接电枢铁心与换向片，万用表应不导通。如导通说明电枢绕组搭铁，应更换电枢总成。
	h. 电枢绕组断路的检查。 提示： ◆将万用表两表笔分别接在相邻两换向片上，万用表应导通，如不导通说明电枢绕组断路。 ◆电枢绕组断路通过外观检查就可发现，出现断路用电烙铁焊好即可。
	2. 起动机空转。 a. 检查单向离合器的驱动齿轮。 提示： ◆如在空转时有齿轮的撞击声，说明飞轮上的齿圈或驱动齿轮的齿磨损严重或已损坏，根据实际情况更换驱动齿轮或飞轮齿圈。

b. 检查拨叉及弹簧。

提示：

◆拨叉应无变形及折断。

◆弹簧不应过软或折断。

c. 检查单向离合器。

提示：

◆起动机空转时，速度较快但无碰齿声音，说明起动机单向离合器打滑，即驱动齿轮已经啮入飞轮轮齿中，但不能带动飞轮旋转，只是起动机电枢轴在空转。

单向离合器的检查方法：将单向离合器驱动齿轮用布包住，向下夹在台虎钳上，再在离合器花键套筒内插入一根花键轴，将扭力扳手与花键轴用套筒相接，按单向离合器工作方向扳动扭力扳手，应能承受最大扭矩。若经检验扭矩大于规定值（13 N · m），说明单向离合器良好，否则说明单向离合器已严重磨损，存在打滑。

◆单向离合器有故障时，应更换单向离合器总成。

知识链接：

一、桑塔纳 2000 型轿车起动机结构图

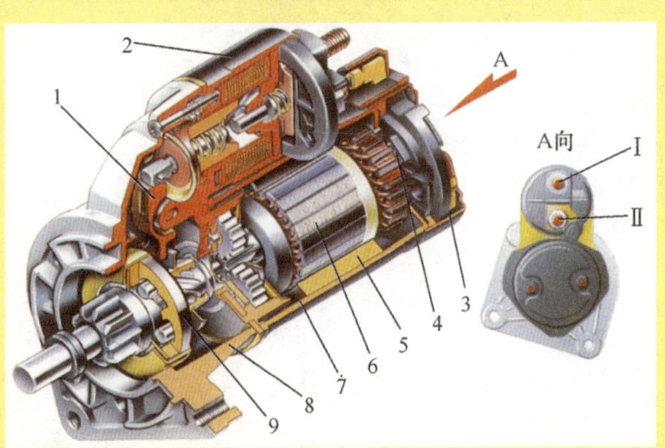

1—拨叉　2—电磁开关组件　3—后端盖　4—电刷　5—定子　6—电枢

7—壳体　8—前端盖　9—超越离合器　Ⅰ—电磁开关接线柱“30”　Ⅱ—起动电流接线柱“C”

二、起动机使用注意事项

1. 起动机每次起动时间不超过 5 s，再次起动前应停止 2 min，使蓄电池得以恢复。如果有连续第三次起动，应在检查与排除故障后停歇 15 min 以上进行。

2. 在冬季或低温情况下起动时，应采取相应的措施，例如对蓄电池保温，确保蓄电池有充足的起动容量。

3. 发动机起动后，必须立即切断起动机控制电路，使起动机停止工作。

训练评价（一）

考核要求：

1. 在规定的时间内完成起动机的拆装，使之符合技术标准。
2. 在操作过程中出现的违规操作，应及时指正。
3. 符合安全文明生产的要求。

考核标准：

考评标准表——起动机的拆装

考核时间	考 核 项 目	分值	评分标准与指导	评价结果
30 min	正确使用工具	10	工具使用不当酌情扣分，并指正	
	拆卸蓄电池搭铁线	5	按要求酌情扣分，并指正	
	拆卸起动机接线	10	按要求酌情扣分，并指正	
	拆卸起动机	20	按要求酌情扣分，并指正	
	安装起动机	20	按要求酌情扣分，并指正	
	安装起动机接线	10	螺母未按规定力矩拧紧，扣 10 分	
	安装蓄电池负极接线	5	按要求酌情扣分，并指正	
	检查起动机工作状况	10	按要求酌情扣分，并指正	
	整理工具、清理现场	10	每项扣 2 分，扣完为止	
	遵守相关安全操作规范		因违规操作发生人身和设备事故，终止考核，成绩按 0 分计 超时每分钟扣 2 分，超时 5 min 终止考核	
	分数合计	100		

训练评价（二）

考核要求：

1. 在规定的时间内完成起动机的拆装，使之符合技术标准。
2. 在操作过程中出现的违规操作，应及时指正。
3. 符合安全文明生产的要求。

考核标准：

考评标准表——起动机故障排除

考核时间	考 核 项 目	分值	评分标准与指导	评价结果
60 min	描述故障现象	10	故障现象描述不正确，扣10分 故障现象描述不准确，酌情扣分	
	分析故障原因	30	故障原因分析不正确，扣30分 故障原因分析不全面，酌情扣分	
	检查故障	20	不能明确故障点，扣20分	
	排除故障	10	故障点不能排除，扣10分	
	故障排除后检验	10	故障排除后不检验，扣10分	
	正确使用工具	10	工具使用不当酌情扣分，并指正	
	整理工具、清理现场	10	每项扣2分，扣完为止	
	遵守相关安全操作规范		因违规操作发生人身和设备事故，终止考核，成绩按0分计 超时每分钟扣2分，超时5 min终止考核	
	分数合计	100		

实训报告：

1. 叙述拆装起动机的步骤。
2. 叙述起动机主要部件的检测方法。
3. 叙述拆装起动机的注意事项。

任务2 点火系统的拆装和检修

实训目标：

1. 了解点火系统的功用、结构和组成。
2. 能够熟练地完成点火系统的拆装。
3. 会对点火系统故障进行检修。
4. 掌握拆装点火系统的注意事项。

实训设备：

1. 桑塔纳 2000 型轿车 1 辆，零件车 1 台，工具车 1 台。
2. 常用工具 1 套，万用表 1 只，火花塞高压线专用拆装钳 1 把，抹布若干。
3. 桑塔纳 2000 型轿车维修手册 1 套，点火系统相关挂图、图册若干。

技能训练：

一、操作前的准备工作

1. 将工位清理干净。
2. 准备好相关的工具、物品等。

提示：

◆养成良好的工作习惯，做好事前准备，有助于安全操作和提高工作效率。

二、拆卸蓄电池负极接线

1. 关闭点火开关。
2. 打开发动机舱盖并支撑牢靠。
3. 拆卸蓄电池负极柱接线。

注意：

拆卸蓄电池负极接线后，使之可靠离开负极柱，以防发生短路事故。

三、拆卸点火系统

1. 拔出点火模块线束插头。

提示：

◆先压下锁扣，再拉出连接器。

◆拆卸时不得强拉导线和连接器。

◆点火模块安装在进气歧管的背面。

	2. 拆卸高压线。 提示： ◆必须使用火花塞高压线专用拆装钳进行操作。 ◆拆装钳要夹住与火花塞连接的高压线金属部分。 ◆靠近车头端为发动机 1 缸。 ◆发动机运转时，不可触摸或拔下高压线。
	a. 依次拆下火花塞上的 4 根高压线。 提示： ◆桑塔纳 2000 型轿车四缸发动机的点火顺序为 1—3—4—2。
	b. 拆除点火模块上的 4 根高压线。 提示： ◆用手捏住高压线头部，向外拔出。 注意： 不能强拉高压线，以免造成高压线损坏。
	3. 拆卸火花塞。 提示： ◆用火花塞专用套筒分别拆下发动机气缸盖上的 4 个火花塞。 ◆将气缸盖上的火花塞孔用棉纱堵好，防止有异物进入气缸。

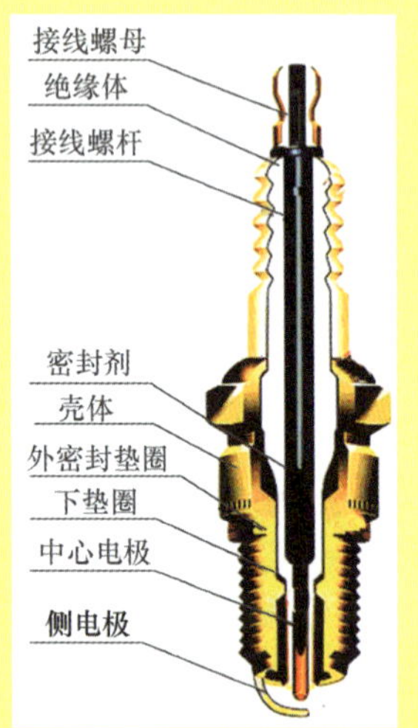

4. 检查火花塞。

a. 按气缸顺序将对应火花塞摆放整齐。

b. 检查火花塞的技术状态。

提示：

◆技术状态正常时，绝缘体裙边呈褐色或棕色，电极只有轻微损耗。

◆当火花塞出现绝缘体破碎，螺纹损坏，电极熔化、烧蚀或过热时，应更换火花塞。

◆检查火花塞电极间隙，不符合规定应调整。

◆若火花塞电极有积炭，待其干燥后用火花塞清洁器清除。

◆4 个火花塞的技术状态应一致，否则应全部更换。

◆使用过的火花塞电极间隙不可调整。

注：

（1）桑塔纳 2000 型轿车火花塞电极间隙为 0.9～1.1 mm。

（2）火花塞更换应按车辆维修手册规定选用。

5. 拆卸点火模块。

提示：

◆松开进气歧管上连接点火模块的 3 个螺栓，取下点火模块。

◆桑塔纳 2000 型轿车采用的是微机控制双点火系统。

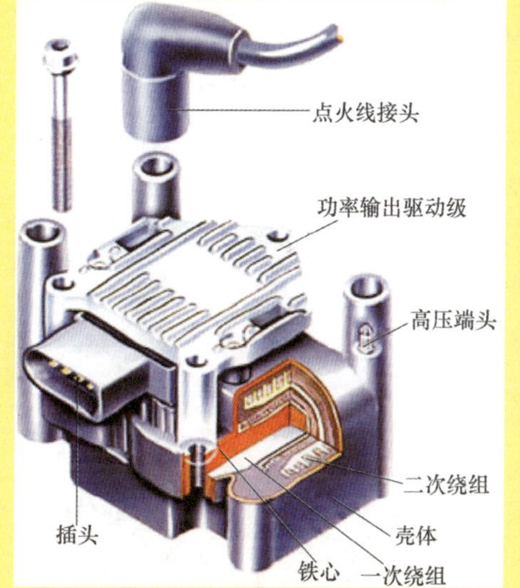

6. 检查点火模块。

a. 清洁点火模块的表面。

b. 检查点火模块线路接头不应有松动。

提示：

◆不能直接用液体清洗点火系统电子器件和电子装置。

7. 分离点火模块上的功率驱动级。

提示：

◆压下两个锁扣，将功率驱动级与点火线圈分离。

8. 检查 1、4 缸点火线圈一次绕组。

提示：

◆用万用表测量一次绕组的电阻值应为 0. 60 ~ 0. 80 Ω。若测量的电阻值不符合规定，应更换点火线圈。

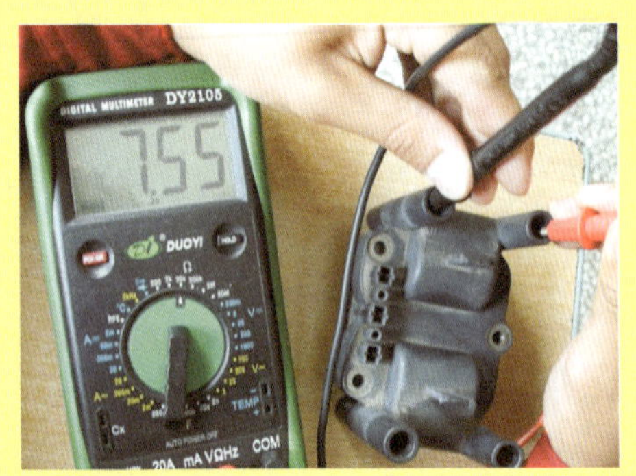

9. 检查 1、4 缸点火线圈二次绕组。

提示：

◆万用表量程选择 20 kΩ，将表笔分别放于点火线圈的 A、D 高压接线柱上。

◆用万用表测量二次绕组的电阻值应为 4 ~ 6 kΩ。若测量的电阻值不符合规定，应更换点火线圈。

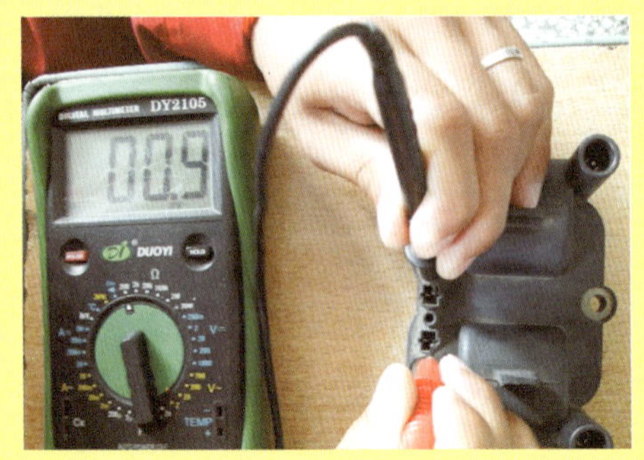

10. 检查 2、3 缸点火线圈一次绕组。

提示：

◆用万用表测量一次绕组的电阻值应为 0. 60 ~ 0. 80 Ω。若测量的电阻值不符合规定，应更换点火线圈。

11. 检查 2、3 缸点火线圈二次绕组。

提示：

◆万用表量程选择 20 kΩ，将表笔分别放于点火线圈的 B、C 高压接线柱上。

◆用万用表测量二次绕组的电阻值应为 4 ~ 6 kΩ。若测量的电阻值不符合规定，应更换点火线圈。

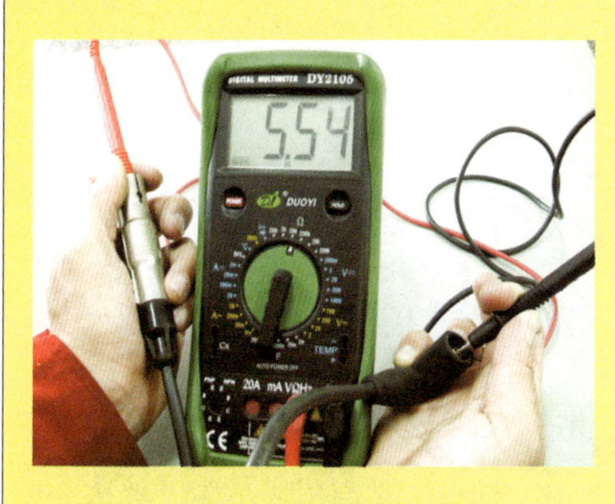

12. 检查高压线。

提示：

◆各缸高压线的电阻值为5.5~6.2 kΩ。

◆高压线表面应无裂纹及破损。

◆经检查如不符合要求应更换新品。

四、安装点火系统

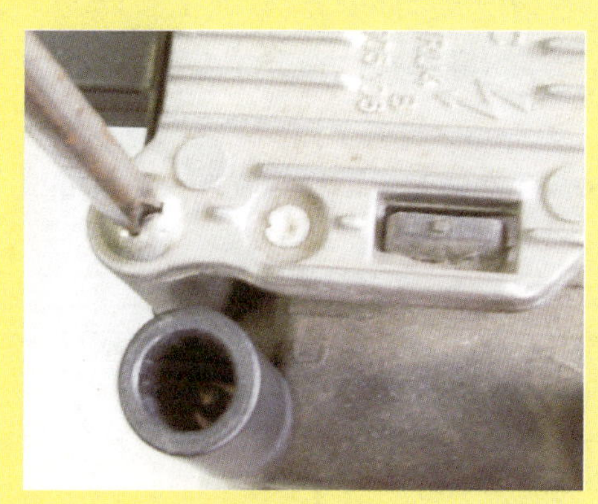

1. 安装点火模块。

a. 将清洁后的点火模块安放到位。

b. 拧紧3个固定螺栓。

提示：

◆安装时注意位置要正确，不能损坏进气歧管上的螺纹孔。

◆螺栓拧紧力矩20 N·m。

2. 安装火花塞。

a. 用手抓住火花塞的尾部，对准火花塞孔，慢慢用手拧上几圈。

b. 再用火花塞套筒按规定力矩拧紧。

提示：

◆必要时可在火花塞螺纹上涂少许机油。

◆4个火花塞按缸序安装（新件不需按缸序）。

◆火花塞在装配前应保持清洁、干燥、无积炭。

◆桑塔纳2000型轿车火花塞扭紧力矩为30 N·m。

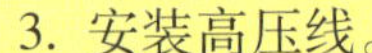

<table>
<tr><td></td><td rowspan="2">3. 安装高压线。
a. 将 1 缸高压线金属端插在 1 缸火花塞的接线端子上。
b. 另一端与点火模块上标有字母“A”的输出端连接。
c. 用同样方法按顺序安装其余高压线。
提示：
◆点火模块上的高压接线柱旁标有“A”“B”“C”“D”标志。将高压线与输出端按 1—A、2—B、3—C、4—D 的顺序对应插好。
◆4 根高压线长度不等，连接时注意高压线上的标志，根据点火顺序安装。
◆高压线与火花塞接线螺母的连接应牢固可靠。
◆点火系统安装好后，应检查点火系统导线连接及点火顺序是否正确。</td></tr>
<tr><td></td></tr>
<tr><td></td><td>4. 接插点火模块线束插头。
提示：
◆插头进入插座时，应听到响声，保证连接器连接可靠。</td></tr>
<tr><td>
</td><td>5. 连接蓄电池负极接线。
提示：
◆负极接线（搭铁线）连接应牢固可靠。</td></tr>
</table>

6. 起动发动机，检查点火系统的工作情况。

提示：

◆检查发动机运转是否平稳、正常。

◆桑塔纳 2000 型轿车微机控制点火系统的点火正时由控制单元（ECU）直接控制。

五、点火系统故障排除

1. 单缸火花塞不跳火

a. 检查火花塞。

提示：

◆拆卸火花塞，将气缸盖上的火花塞孔用棉纱堵好。

◆查看火花塞绝缘体裙边，应为褐色或棕色，电极允许有轻微损耗。

◆当火花塞出现绝缘体破碎，螺纹损坏，电极熔化、烧蚀或过热时，应更换火花塞（火花塞型号应按车辆维修手册规定选用）。

◆若火花塞电极有积炭，待其干燥后用火花塞清洁器清除。

◆检查火花塞电极间隙，不符合规定应用专用工具调整。桑塔纳 2000 型轿车火花塞电极间隙为 0. 9 ~ 1. 1 mm。

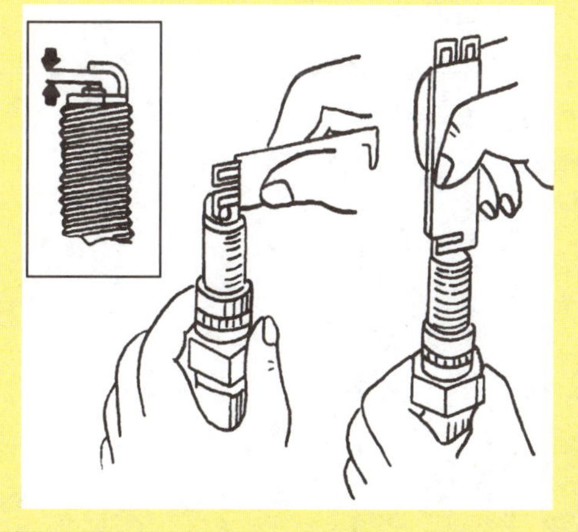

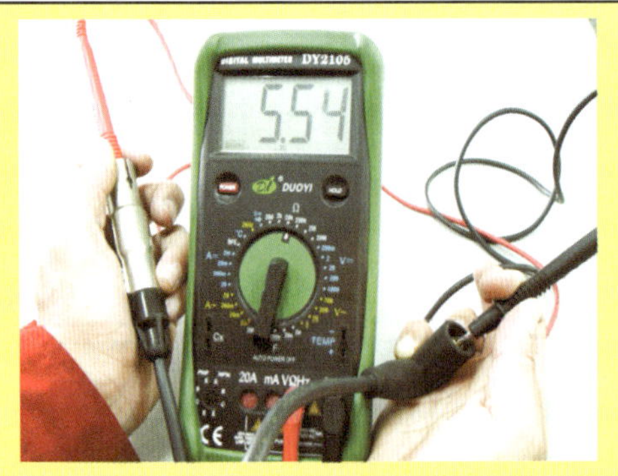

b. 检查高压线。

提示：

◆高压线的电阻值应为 5.5 ~6.2 kΩ。

◆高压线表面应无破损，否则应更换新品。

2. 点火系统不工作。

a. 检测点火模块插头。

提示：

◆检查点火模块的 4 针插头连接是否良好。

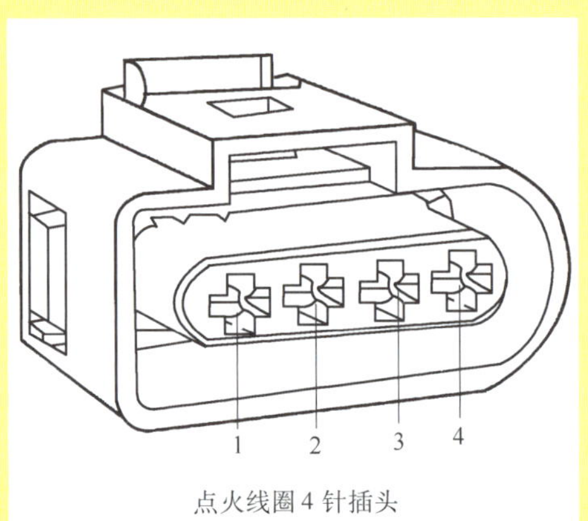

点火线圈 4 针插头

b. 检查点火模块线束。

拔下点火线圈的 4 针插头，打开点火开关，用万用表检测插头 2 孔与 4 孔之间的电压，电压值应大于等于 11.5 V。

提示：

◆检测条件：蓄电池电压大于等于 11.5 V。

◆检测电子点火系统应使用高阻抗数字式万用表。

◆如电压不符合规定，应检查：

（1）中央控制盒中的 D 线束插头 23 孔与 4 针插头的 2 孔之间线路是否断路。

（2）检查 4 针插头的 4 孔与搭铁点是否导通。

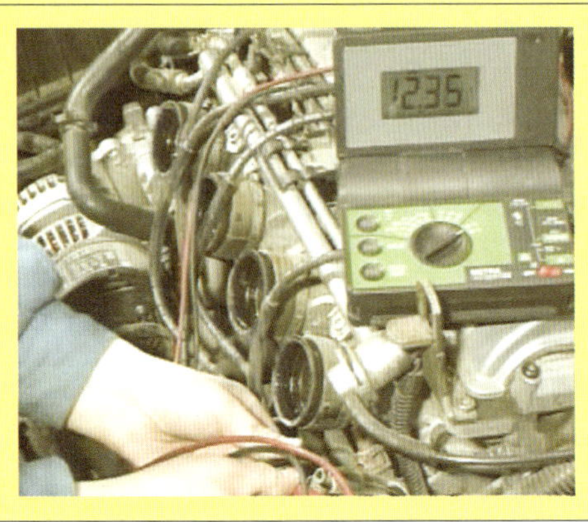

<table>
<tr>
<td>
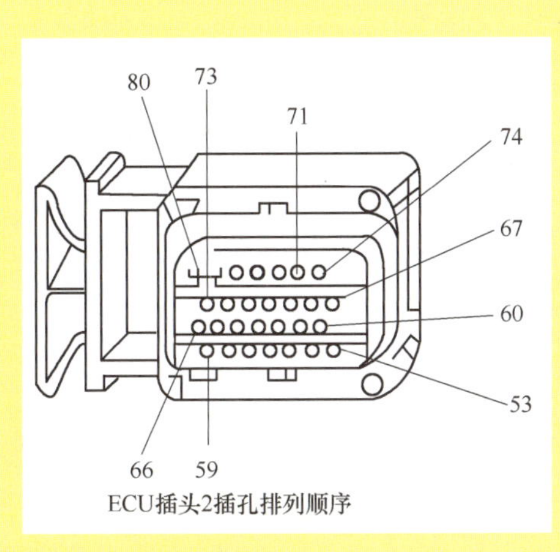

ECU插头2插孔排列顺序
</td>
<td rowspan="2">
c. 检查点火模块工作情况
提示：
◆检测时应拔下 4 个喷油器的插头。
◆将发光二极管连接在 4 针插头 1、4 孔之间，短暂起动发动机，发光二极管应闪亮。
◆发光二极管如不闪亮应检查连接 4 针插头的 1 孔与 ECU 插头 71 孔的导线是否断路。
◆如果线路正常（电阻小于 0.5 Ω），应更换发动机 ECU。
</td>
</tr>
<tr>
<td></td>
</tr>
<tr>
<td></td>
<td>
提示：
◆将发光二极管连接在 4 针插头 3、4 孔之间，短暂起动发动机，发光二极管应闪亮。
◆发光二极管如不闪亮应检查连接 4 针插头的 3 孔与 ECU 插头 78 孔的导线是否断路。
◆如果线路正常（电阻小于 0.5 Ω），应更换发动机 ECU。
◆如点火模块的供电电压和 ECU 的控制功能都正常，说明点火模块有故障，应更换新品。
</td>
</tr>
</table>

	d. 检测点火线圈二次绕组 提示： ◆1、4 缸点火线圈二次绕组的电阻值应为 4～6 kΩ。若测量的电阻值不符合规定，应更换点火线圈。
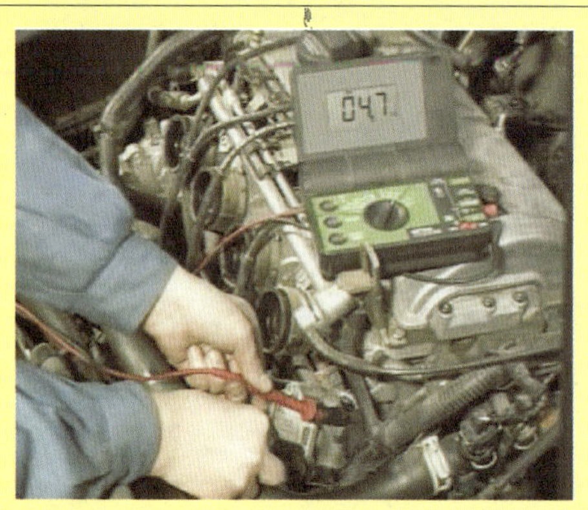	提示： ◆2、3 缸点火线圈二次绕组检测方法和 1、4 缸点火线圈相同。
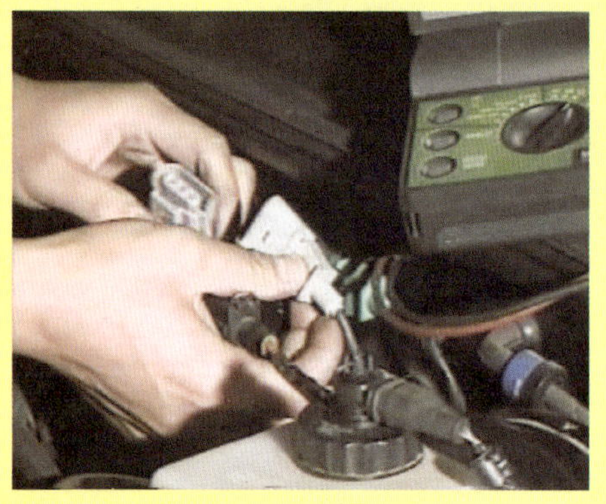	e. 检查发动机转速传感器。 提示： ◆发动机转速传感器故障会导致 ECU 停止发送点火信号。 ◆关闭点火开关，拔下发动机转速传感器插头。
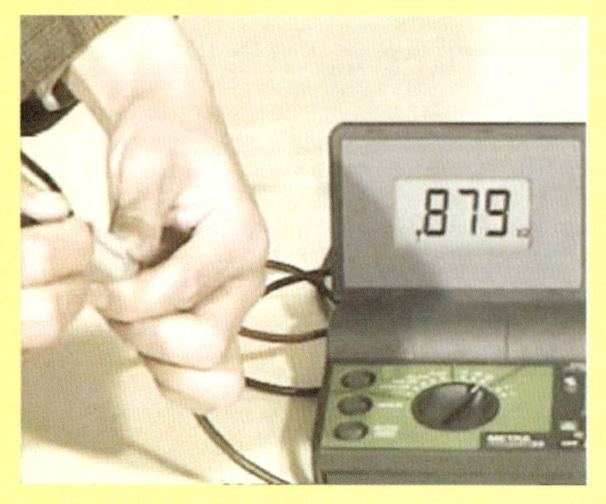	提示： ◆用万用表检测插座端子 2 和 3 之间的电阻，电阻值应为 480～1 000 Ω。 ◆电阻值不符合规定应更换转速传感器。

知识链接：

一、电子点火系统的使用

1. 电路接线必须正确、牢固，连接器要连接良好。

2. 清洗发动机时，应断开点火开关。

3. 拆卸、连接点火系统导线（包括高压线）及用仪器检测时，应先断开点火开关。谨慎使用“试火法”“短路法”检查点火系统故障，以防发生意外。

4. 电子点火系统搭铁必须可靠。

5. 不允许点火线圈在开路状态下工作。

6. 电子点火系统中电子元器件较多且精度高，不得随意拆卸与焊接，也不能随意替代。

7. 经常保持点火系统各部位清洁。

二、电子点火系统检查的注意事项

1. 发动机运转时，不要触摸或拔下点火线。

2. 燃油系统存在压力，松开汽油管接头前，要注意在接头下面垫布块。

3. 用起动机带动发动机旋转时，应拔下点火线圈插头和所有喷油器插头。

4. 拔下或插上喷油器插头或点火系统的插头，或检测导线、拆装蓄电池之前，应关闭点火开关。

训练评价（一）

考核要求：

1. 在规定的时间内完成发动机点火系统拆装，使之符合技术标准。

2. 在操作过程中出现的违规操作，应及时指正。

3. 符合安全文明生产的要求。

考核标准：

考评标准表——发动机点火系统拆装

考核时间	考 核 项 目	分值	评分标准与指导	评价结果
45 min	正确使用工具	10	工具使用不当酌情扣分，并指正	
	拆卸蓄电池搭铁线	5	按要求酌情扣分，并指正	
	拔点火模块插头	5	按要求酌情扣分，并指正	
	拆卸高压线	10	按要求酌情扣分，并指正	
	拆卸火花塞	10	按要求酌情扣分，并指正	
	拆卸点火模块	10	按要求酌情扣分，并指正	
	安装火花塞	10	火花塞安装错误，每处扣 5 分	
	安装点火模块	10	按要求酌情扣分，并指正	
	安装高压线	10	高压线连接错误，每处扣 5 分	
	接插点火模块插头	5	按要求酌情扣分，并指正	
	连接蓄电池搭铁线	5	按要求酌情扣分，并指正	
	整理工具、清理现场	10	每项扣 2 分，扣完为止	
	遵守相关安全操作规范		因违规操作发生人身和设备事故，终止考核，成绩按 0 分计 超时每分钟扣 2 分，超时 5 min 终止考核	
	分数合计	100		

训 练 评 价（二）

考核要求：

1. 在规定的时间内完成点火系统的故障排除。
2. 在操作过程中出现的违规操作，应及时指正。
3. 符合安全文明生产的要求。

考核标准：

考评标准表——点火系统故障排除

考核时间	考 核 项 目	分值	评分标准与指导	评价结果
60 min	描述故障现象	10	故障现象描述不正确，扣 10 分 故障现象描述不准确，酌情扣分	
	分析故障原因	30	故障原因分析不正确，扣 30 分 故障原因分析不全面，酌情扣分	
	检查故障	20	不能明确故障点，扣 20 分	
	排除故障	10	故障点不能排除，扣 10 分	
	故障排除后检验	10	故障排除后不检验，扣 10 分	
	正确使用工具	10	工具使用不当酌情扣分，并指正	
	整理工具、清理现场	10	每项扣 2 分，扣完为止	
	遵守相关安全操作规范		因违规操作发生人身和设备事故，终止考核，成绩按 0 分计 超时每分钟扣 2 分，超时 5 min 终止考核	
	分数合计	100		

实训报告：

1. 叙述拆装点火系统的步骤。
2. 写出检测点火系统的方法。
3. 叙述拆装点火系统的注意事项。

课题四　照明与信号系统的拆装和检修

任务 1　前照灯的拆装和检修

实训目标：

1. 认识前照灯的结构和特点。
2. 了解前照灯的型号规格。
3. 会对前照灯、小灯进行检查。
4. 掌握前照灯的拆装注意事项。
5. 了解调整前照灯的方法。
6. 会对前照灯和小灯故障进行检修。

实训设备：

1. 桑塔纳 2000 型轿车 1 台，零件车 1 台，工具车 1 台。
2. 常用工具 1 套，万用表 1 只，抹布若干。
3. 桑塔纳 2000 型轿车维修手册 1 套，前照灯的相关挂图若干。

技能训练：

一、操作前的准备工作

1. 将工位清理干净。
2. 准备好相关的工具、物品等。

提示：

◆养成良好的工作习惯，做好事前准备，有助于安全操作和提高工作效率。

二、拆卸蓄电池

1. 关闭点火开关。
2. 打开发动机舱盖并支撑牢靠。
3. 拆卸蓄电池正、负极柱接线。

注意：

拆卸蓄电池接线时先拆负极，再拆正极，以防发生短路事故。

4. 拆卸蓄电池固定压板螺栓。
5. 取出压板。

6. 从机架中取出蓄电池。

提示：

◆搬动蓄电池要轻拿轻放，以防损坏蓄电池壳体。

◆拆卸蓄电池是为了方便拆卸左前照灯总成的固定螺栓。

注意：

蓄电池搬动时不可倾斜。

三、拆卸前照灯总成

1. 拆卸进气格栅及密封条。

a. 拆卸进气格栅固定螺钉。

提示：

◆进气格栅有 4 颗固定螺钉。

b. 取出进气格栅。

注意：

不可用力过猛，以防损坏。

	c. 卸下左前照灯下的塑料密封条。 注意： 不可用力过猛，以防损坏。
	2. 拆卸左前转向灯总成。 a. 卸下左前转向灯总成固定弹簧。 提示： ◆左前转向灯固定弹簧位置如左图所示。 ◆转向灯通过弹簧固定在前照灯上，拆卸时用手指伸入环口轻轻向外拉。 注意： 力度不要过大，以免造成弹簧弹力减退。
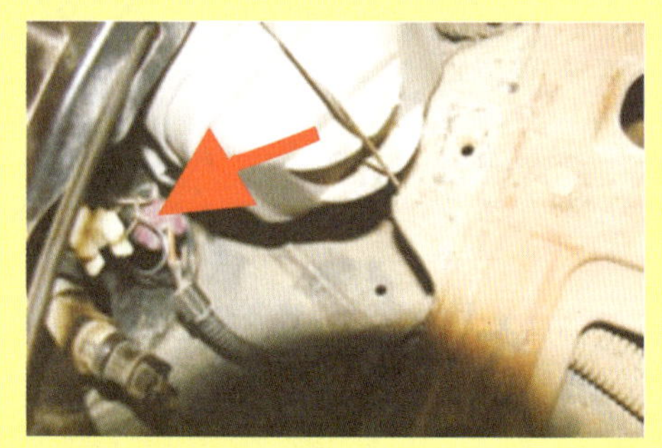	左前转向灯固定弹簧位置（箭头所指）。
	b. 拉出左前转向灯总成。 注意： 取出左前转向灯总成时不可过多向外拉拽，以防损坏线束。

	c. 拔下左前转向灯线束插头，取下左前转向灯总成。 提示： ◆挑开插头上的两个卡子，拔下插头。 注意： 不可硬拉，以免造成导线断裂或插头损坏。
	3. 拆卸左前照灯总成固定螺母。 提示： ◆共 4 颗螺母。
	4. 取出左前照灯总成。 提示： ◆将前照灯总成向外拉出。 注意： 取出前照灯总成时不可过多向外拉拽，以防损坏线束。
	5. 拔下左前照灯总成线束插头，取下前照灯总成。 提示： ◆挑开插头上的两个卡子，拔下插头。 注意： 操作时注意拿稳前照灯总成，以防落地损坏。

<table>
<tr><th colspan="2">四、分解前照灯总成</th></tr>
<tr><td></td><td>1. 拨开前照灯后护罩固定卡簧。
提示：
◆卡簧如过紧，可使用工具拨开。
注意：
不可用力过猛，以防损坏卡簧。
前照灯总成下面垫上橡胶垫或软布，以免刮花前照灯玻璃。</td></tr>
<tr><td>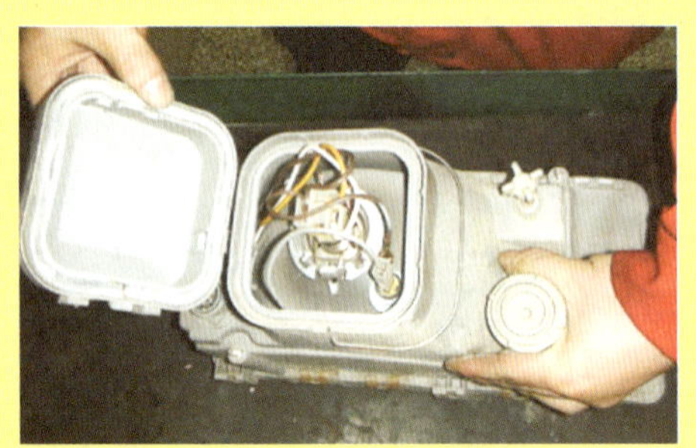</td><td>2. 取出前照灯后护罩。
提示：
◆护罩的作用主要是密封和防尘。</td></tr>
<tr><td></td><td>3. 拔下小灯插头。
提示：
◆捏着插头向外拔出，不可拽拉导线。</td></tr>
<tr><td></td><td>4. 取出小灯灯泡。</td></tr>
</table>

	5. 拔下前照灯插头。 提示： ◆捏着插头向外拔出，不可拽拉导线。 注意： 拔插头时，需按住前照灯灯泡座，以防损坏。
	6. 卸下前照灯灯泡座卡簧。 提示： ◆先用手将固定卡簧向下按，再捏紧卡簧从中间取出。
	7. 取出前照灯灯泡。 提示： ◆桑塔纳 2000 型轿车前照灯为远、近光双丝卤素灯泡（12 V 60 W/55 W）。 注意： 灯泡玻璃表面不可沾油，不可用手触摸。
 **五、组装前照灯总成**	
	1. 检查前照灯灯泡。 提示： ◆桑塔纳 2000 型轿车前照灯为远、近光双丝卤素灯泡（12 V 60 W/55 W）。 ◆将万用表打到 Ω 挡，量程为 200 Ω 的位置： （1）近光灯丝电阻值为 1.1 Ω。 （2）远光灯丝电阻值为 0.4 Ω。

	2. 安装前照灯灯泡。 提示： ◆对齐灯泡座卡槽位置后放入灯泡座。 注意： 灯泡玻璃表面如沾油或被手触摸过，需要用酒精清洁。
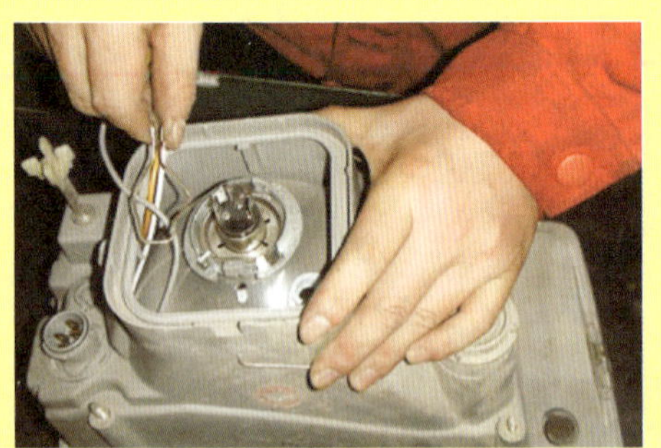	3. 安装前照灯灯泡座卡簧。
	4. 接插前照灯插头。
 	5. 检查小灯灯泡。 提示： ◆小灯灯丝电阻值应为 3 ~5 Ω。

	6. 安装小灯灯泡。 提示： ◆观察灯丝是否完好。
	7. 接插小灯插头。
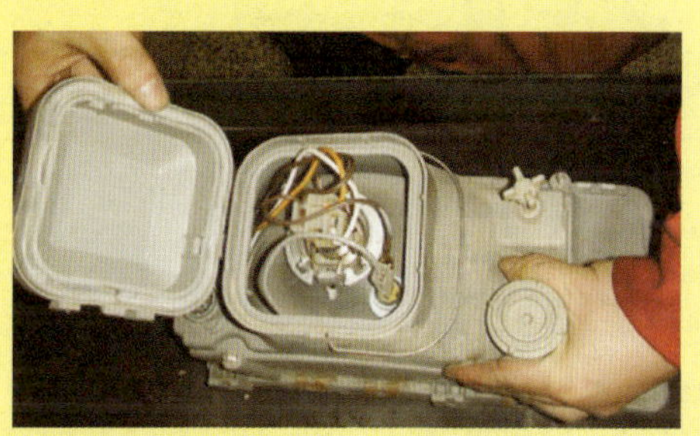	8. 装复前照灯后护罩。 a. 安放前照灯后护罩。 提示： ◆后护罩的方向不可装错。
	b. 装复前照灯后护罩固定卡簧。 注意： 不可用力过猛，以防损坏卡簧。 前照灯总成下面垫上橡胶垫或软布，以免刮花前照灯玻璃。

<table>
<tr><th colspan="2">六、安装前照灯总成</th></tr>
<tr><td>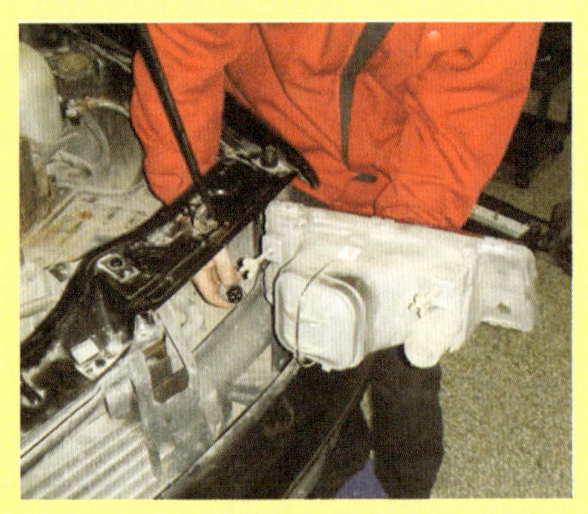</td><td>1. 接插左前照灯总成线束插头。
注意：
操作时注意拿稳前照灯总成，以防落地损坏。</td></tr>
<tr><td></td><td>2. 安放左前照灯总成。</td></tr>
<tr><td></td><td>3. 拧紧左前照灯总成固定螺母。
提示：
◆共 4 颗螺母。</td></tr>
<tr><td></td><td>4. 安装左前转向灯总成。
a. 接插左前转向灯总成线束插头。</td></tr>
</table>

	b. 安放左前转向灯总成。 c. 用转向灯固定弹簧固定左前转向灯总成。
	5. 安装进气格栅及密封条。 a. 安装左前照灯下的塑料密封条。
	b. 安放进气格栅。
	c. 拧紧进气格栅固定螺钉。 提示： ◆进气格栅有 4 颗固定螺钉。 提示： ◆右前照灯的拆装方法与左前照灯相同。

提示：
◆右前照灯的拆装方法与左前照灯相同。
注意：拆下的零件应按拆卸的先后顺序摆放整齐，以便于检查和安装。

七、调整前照灯

1. 安装蓄电池。
◆具体步骤参照课题二任务1。

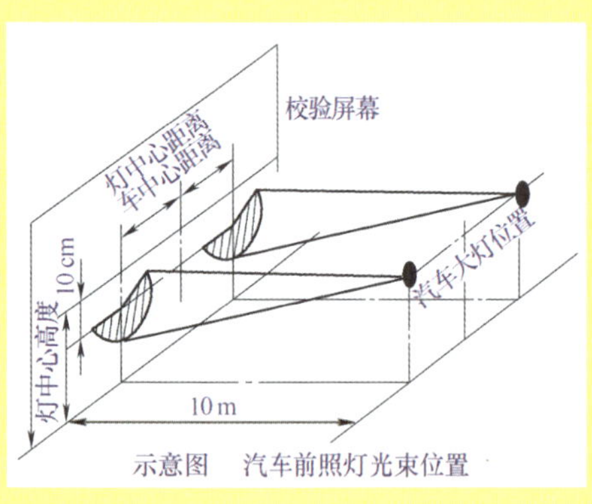

示意图　汽车前照灯光束位置

2. 将轮胎气压正常的空车，停放在平坦的场地上，在驾驶室内坐一名驾驶员或将60 kg的重物放在驾驶员位置上，使车头正对幕墙，保持10 m距离，如左图所示。

3. 开前照灯，调整其光束。调整时以一只灯为单位调整，首先遮蔽其他前照灯，然后拧动上下左右光束调整螺钉，使主光束（亮度最高点）处于规定高度。前照灯上下左右调整时，必须拧入调整。若需拧松调节时，应完全拧松后再进行拧入调整。

八、检查前照灯、小灯工作情况

1. 检查超车灯工作情况。
提示：
◆向上挑起变光开关，超车灯应亮。
◆超车灯为左右远光灯。

	2. 检查小灯工作情况。 打开灯光开关第一挡。 提示： 左侧和右侧的前后小灯应亮。
	3. 检查前照灯工作情况。 a. 打开点火开关。
	b. 打开灯光开关第二挡。 提示： ◆左侧和右侧的前后小灯应亮。 ◆左右远光灯或近光灯应亮。
	c. 挑动变光开关。 提示： ◆左右前照灯应进行近、远光切换。

九、前照灯、小灯故障排除	
	1. 单个小灯不亮。 注意： 检查前应关闭点火开关和灯光开关，以防损坏设备。 a. 检查小灯灯泡。 提示： ◆如灯泡损坏应更换。
	b. 检查小灯接线、插头。 提示： ◆插头如松旷，应修复。
	2. 单侧小灯不亮。 注意： 检查前应关闭点火开关和灯光开关，以防损坏设备。 a. 检查熔丝。 提示： ◆左侧小灯故障，检查 S7（10 A）熔丝。 ◆右侧小灯故障，检查 S8（10 A）熔丝。 ◆如损坏需更换。
	b. 检查故障侧小灯的灯泡和插头。 提示： ◆如灯泡损坏应更换。 ◆插头如松旷，应修复。

	3. 单个远光或近光灯不亮。 注意： 检查前应关闭点火开关和灯光开关，以防损坏设备。 a. 检查熔丝。 提示： ◆左远光灯故障，检查 S10（10 A）熔丝。 ◆右远光灯故障，检查 S9（10 A）熔丝。 ◆左近光灯故障，检查 S21（10 A）熔丝。 ◆右近光灯故障，检查 S22（10 A）熔丝。 ◆熔丝如损坏应更换。
	b. 检查灯泡。 提示： ◆如灯泡损坏应更换。
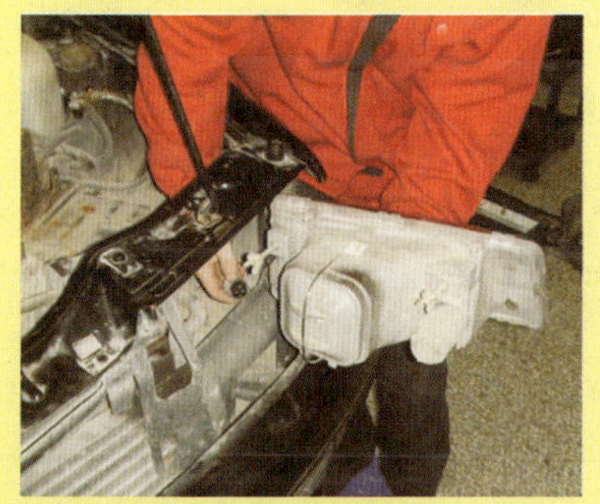	4. 单侧近、远光灯和小灯不亮。 注意： 检查前应关闭点火开关和灯光开关，以防损坏设备。 a. 检查故障侧前照灯总成插头。 提示： ◆插头如松旷，应修复。
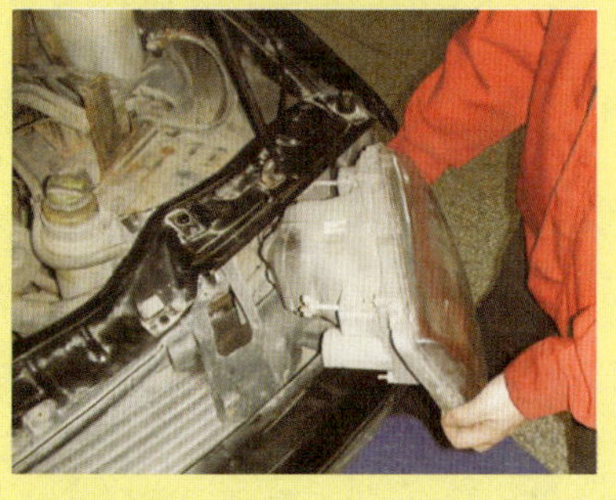	b. 检查故障侧前照灯总成搭铁线。 提示： ◆搭铁不良，应修复。

训练评价（一）

考核要求：

1. 在规定的时间内完成前照灯的拆装，使之符合技术标准。
2. 在操作过程中出现的违规操作，应及时指正。
3. 符合安全文明生产的要求。

考核标准：

考评标准表——拆装前照灯

<table>
<tr><th>考核时间</th><th>考 核 项 目</th><th>分值</th><th>评分标准与指导</th><th>评价结果</th></tr>
<tr><td rowspan="13">45 min</td><td>正确使用工具</td><td>10</td><td>工具使用不当酌情扣分，并指正</td><td></td></tr>
<tr><td>拆蓄电池</td><td>10</td><td>按要求酌情扣分，并指正</td><td></td></tr>
<tr><td>拆装进气格栅、密封条</td><td>5</td><td>按要求酌情扣分，并指正</td><td></td></tr>
<tr><td>拆转向灯总成</td><td>10</td><td>按要求酌情扣分，并指正</td><td></td></tr>
<tr><td>拆前照灯总成</td><td>10</td><td>按要求酌情扣分，并指正</td><td></td></tr>
<tr><td>拆装前照灯灯泡、小灯灯泡</td><td>5</td><td>按要求酌情扣分，并指正</td><td></td></tr>
<tr><td>安装前照灯总成</td><td>10</td><td>按要求酌情扣分，并指正</td><td></td></tr>
<tr><td>安装转向灯总成</td><td>10</td><td>按要求酌情扣分，并指正</td><td></td></tr>
<tr><td>安装蓄电池</td><td>10</td><td>按要求酌情扣分，并指正</td><td></td></tr>
<tr><td>调整前照灯（口述）</td><td>10</td><td>按要求酌情扣分，并指正</td><td></td></tr>
<tr><td>整理工具、清理现场</td><td rowspan="2">10</td><td>每项扣 2 分，扣完为止</td><td></td></tr>
<tr><td>遵守相关安全操作规范</td><td>因违规操作发生人身和设备事故，终止考核，成绩按 0 分计
超时每分钟扣 1 分，超时 10 min 终止考核</td><td></td></tr>
<tr><td>分数合计</td><td>100</td><td></td><td></td></tr>
</table>

训练评价（二）

考核要求：

1. 在规定的时间内完成前照灯或小灯的故障排除。
2. 在操作过程中出现的违规操作，应及时指正。
3. 符合安全文明生产的要求。

考核标准：

考评标准表——前照灯、小灯故障排除

考核时间	考 核 项 目	分值	评分标准与指导	评价结果
20 min	描述故障现象	10	故障现象描述不正确，扣 10 分 故障现象描述不准确，酌情扣分	
	分析故障原因	30	故障原因分析不正确，扣 30 分 故障原因分析不全面，酌情扣分	
	检查故障	20	不能明确故障点，扣 20 分	
	排除故障	10	故障点不能排除，扣 10 分	
	故障排除后检验	10	故障排除后不检验，扣 10 分	
	正确使用工具	10	工具使用不当酌情扣分，并指正	
	整理工具、清理现场	10	每项扣 2 分，扣完为止	
	遵守相关安全操作规范		因违规操作发生人身和设备事故，终止考核，成绩按 0 分计 超时每分钟扣 2 分，超时 5 min 终止考核	
	分数合计	100		

实训报告：

1. 叙述拆装前照灯的步骤。
2. 叙述拆装前照灯的注意事项。
3. 叙述调整前照灯的方法和步骤。

任务 2　雾灯的拆装和检修

实训目标：

1. 认识雾灯的结构、特点。
2. 了解雾灯的型号规格。
3. 会对雾灯进行检查。
4. 掌握雾灯的拆装注意事项。
5. 会对前照灯和小灯故障进行检修。

实训设备：

1. 桑塔纳 2000 型轿车 1 台，零件车 1 台，工具车 1 台。
2. 常用工具 1 套，万用表 1 只，抹布若干。
3. 桑塔纳 2000 型轿车维修手册 1 套，雾灯的相关挂图、图册若干。

技能训练：

一、操作前的准备工作

1. 将工位清理干净。
2. 准备好相关的工具、物品等。

提示：

◆养成良好的工作习惯，做好事前准备，有助于安全操作和提高工作效率。

二、拆卸蓄电池负极接线

1. 关闭点火开关。
2. 打开发动机舱盖并支撑。
3. 拆卸蓄电池电极柱接线。

注意：

拆卸蓄电池负极线后，使之可靠离开负极柱，以防发生短路事故。

三、拆卸前雾灯

1. 向下拨动右前雾灯活动卡销。

提示：

◆一只手轻扶右前雾灯。

◆用旋具轻轻向下拨动活动卡销。

注意：

力度不要过大，以防损坏卡销。

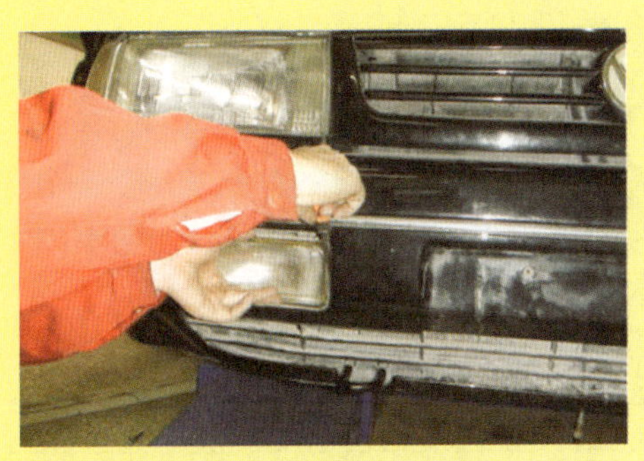	2. 拨动卡销的同时，另一只手将右前雾灯总成往活动卡销方向轻推并提拉。
	3. 取出右前雾灯总成。 注意： 取出右前雾灯总成时不可过多向外拉拽，以防损坏线束。
	4. 取下右雾灯总成后防护罩。 提示： ◆防护罩的作用主要是密封和防尘。 注意： 该防护罩为橡胶制品，拆卸时力度不要过大，以防损坏防护罩。
	5. 拔下右前雾灯线束插头。 注意： 不可拽拉导线，以免造成导线断裂或插头损坏。

	6. 卸下右前雾灯灯泡座固定卡簧。 提示： ◆可用尖嘴钳将固定卡簧向下按，再向中间轻轻夹住取出。
	7. 取出右前雾灯灯泡。 提示： ◆桑塔纳 2000 型轿车设有前雾灯和后雾灯，前雾灯左右各一个，规格为 12 V 55 W。

提示：

◆左前雾灯的拆卸方法与右前雾灯相同。

注意：

拆下的零件应按拆卸的先后顺序摆放整齐，以便于检查和安装。

四、拆卸后雾灯

	1. 打开行李箱。 提示： ◆插入钥匙，向左旋转，然后按下门锁。
	2. 拆后雾灯、倒车灯总成固定螺母。 提示： ◆共 3 颗固定螺母。

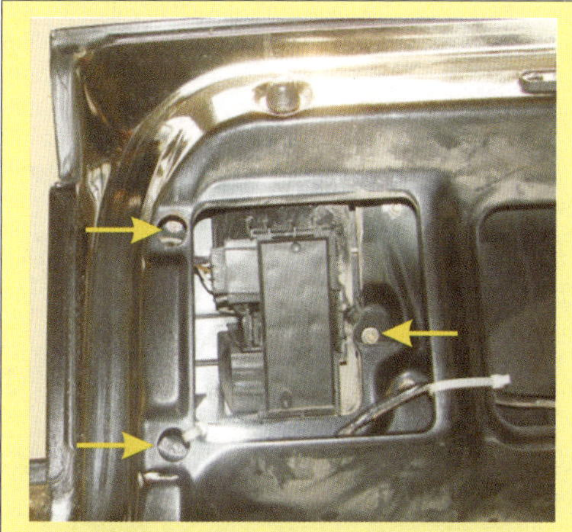	提示： ◆箭头所指为后雾灯总成固定螺母位置。
	3. 取出后雾灯总成。 提示： ◆将后雾灯用手从里向外轻轻推出。 注意： 后雾灯总成线束插头还没有拆，取出时不可过多向外拉拽，以防损坏线束。
	4. 拔下后雾灯总成线束插头。 提示： ◆用手捏住插头两边的卡子，拔出插头。 注意： 不可拽拉导线，以防造成导线断裂或松动。
	5. 取下灯泡底座。 提示： ◆捏住灯泡底座两边的卡子，将底座取出。

<table>
<tr><td></td><td>6. 取出后雾灯灯泡。
提示：
◆轻按灯泡，旋转 90°取出灯泡。
◆桑塔纳 2000 型轿车设有前雾灯和后雾灯，后雾灯只有一个，安装在左后方，规格为 12 V 21 W。</td></tr>
<tr><td colspan="2">五、安装后雾灯</td></tr>
<tr><td>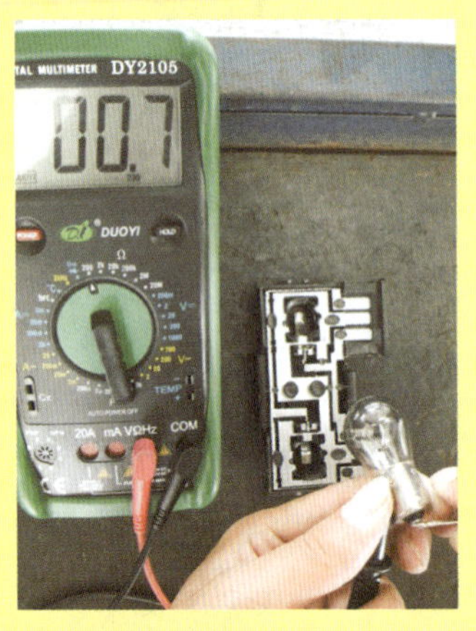
</td><td>1. 检查后雾灯灯泡。
提示：
◆后雾灯灯丝电阻值为 0.7 Ω。</td></tr>
<tr><td></td><td>2. 安装后雾灯灯泡。
提示：
◆灯泡卡口对齐卡槽，轻轻按下后旋转 90°固定。</td></tr>
<tr><td></td><td>3. 安装灯泡底座。
提示：
◆捏住灯泡底座两边的卡子，将底座装复。</td></tr>
</table>

	4. 接插后雾灯总成线束插头。 提示： ◆用手捏住插头两边的卡子，插入插头。
	5. 安装后雾灯总成。 a. 安放后雾灯总成。
	b. 拧紧后雾灯总成固定螺母。 提示： ◆共 3 颗固定螺母。
	6. 关闭行李箱。

六、安装前雾灯	
	1. 检查前雾灯灯泡。 提示： ◆前雾灯灯丝电阻值为0.1 Ω。
	2. 安装右前雾灯灯泡。
	3. 安装右前雾灯灯泡座固定卡簧。
	4. 接插右前雾灯线束插头。

5. 安装右前雾灯总成后防护罩。

注意：

该防护罩为橡胶制品，安装时力度不要过大，以防损坏防护罩。

6. 安装右前雾灯总成。

a. 将右前雾灯总成上的固定卡销插入右前雾灯总成座上的凹槽中。

b. 用手推入右前雾灯总成，直至活动卡销到位。

提示：

◆安装到位后，应仔细检查右前雾灯总成是否牢固。

提示：

◆左前雾灯的检查、安装方法与右前雾灯相同。

七、检查雾灯工作情况

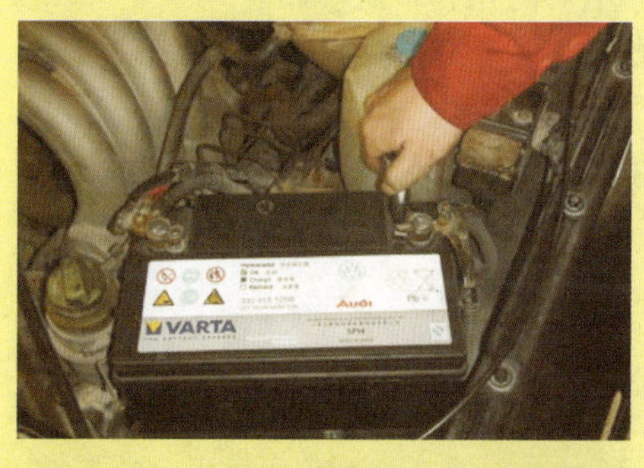

1. 安装蓄电池负极接线。

提示：

◆螺栓拧紧力矩 10 N·m。

2. 检查前雾灯工作情况。

a. 打开点火开关。

<table>
<tr><td></td><td>b. 打开灯光开关第一挡。</td></tr>
<tr><td></td><td>c. 打开雾灯开关第一挡。
提示：
◆左、右前雾灯应亮。</td></tr>
<tr><td></td><td>3. 检查后雾灯工作情况。
打开雾灯开关第二挡。
提示：
◆前雾灯和后雾灯应都亮。</td></tr>
<tr><td colspan="2">八、雾灯故障排除</td></tr>
<tr><td>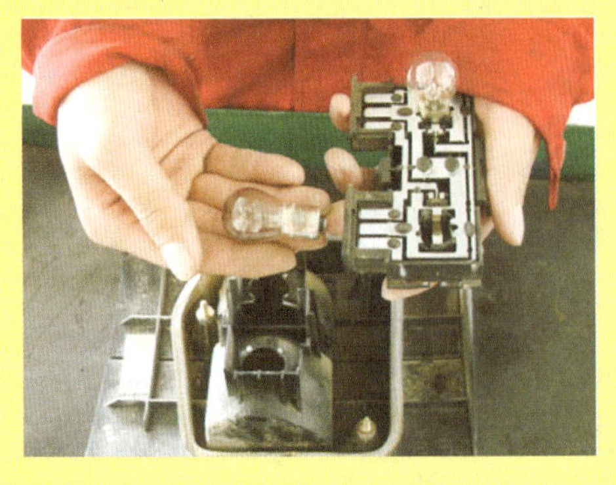</td><td>1. 单个雾灯不亮。
注意：
检查前应关闭点火开关和灯光开关，以防损坏设备。
a. 检查雾灯灯泡。
提示：
◆如灯泡损坏应更换。</td></tr>
</table>

	b. 检查雾灯接线、插头。 提示： ◆插头如松旷，应修复。
	2. 左、右前雾灯不亮。 注意： 检查前应关闭点火开关和灯光开关，以防损坏设备。 检查熔丝。 提示： ◆检查 S6（15 A），如损坏需更换。
	3. 后雾灯不亮。 注意： 检查前应关闭点火开关和灯光开关，以防损坏设备。 a. 检查熔丝。 提示： ◆检查 S126（10 A），该熔丝为外接熔丝。 ◆熔丝如损坏应更换。
	b. 检查灯泡。 提示： ◆如灯泡损坏应更换。

4. 前、后雾灯均不亮。

注意：

检查前应关闭点火开关和灯光开关，以防损坏设备。

a. 拔下雾灯继电器。

提示：

◆雾灯继电器在中央电气盒 7 号位置。

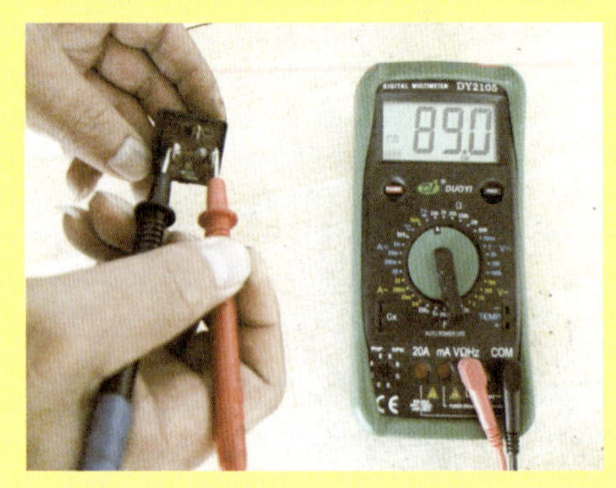

b. 检查雾灯继电器线圈。

提示：

◆检查雾灯继电器 85#与 86#之间的电阻。

◆如电阻为∞，需更换继电器。

训练评价（一）

考核要求：

1. 在规定的时间内完成雾灯的拆装，使之符合技术标准。
2. 在操作过程中出现的违规操作，应及时指正。
3. 符合安全文明生产的要求。

考核标准：

考评标准表——拆装雾灯

考核时间	考 核 项 目	分值	评分标准与指导	评价结果
40 min	正确使用工具	10	工具使用不当酌情扣分，并指正	
	拆蓄电池负极线	10	按要求酌情扣分，并指正	
	拆卸前雾灯	20	按要求酌情扣分，并指正	
	拆卸后雾灯	10	按要求酌情扣分，并指正	
	安装前雾灯	10	按要求酌情扣分，并指正	
	安装后雾灯	10	按要求酌情扣分，并指正	
	安装蓄电池负极线	10	按要求酌情扣分，并指正	

续表

考核时间	考 核 项 目	分值	评分标准与指导	评价结果
40 min	检查雾灯工作情况	10	按要求酌情扣分，并指正	
	整理工具、清理现场	10	每项扣2分，扣完为止	
	遵守相关安全操作规范		因违规操作发生人身和设备事故，终止考核，成绩按0分计 超时每分钟扣1分，超时10 min终止考核	
	分数合计	100		

训 练 评 价（二）

考核要求：

1. 在规定的时间内完成雾灯的故障排除。
2. 在操作过程中出现的违规操作，应及时指正。
3. 符合安全文明生产的要求。

考核标准：

考评标准表——雾灯故障排除

考核时间	考 核 项 目	分值	评分标准与指导	评价结果
30 min	描述故障现象	10	故障现象描述不正确，扣10分 故障现象描述不准确，酌情扣分	
	分析故障原因	30	故障原因分析不正确，扣30分 故障原因分析不全面，酌情扣分	
	检查故障	20	不能明确故障点，扣20分	
	排除故障	10	故障点不能排除，扣10分	
	故障排除后检验	10	故障排除后不检验，扣10分	
	正确使用工具	10	工具使用不当酌情扣分，并指正	
	整理工具、清理现场	10	每项扣2分，扣完为止	
	遵守相关安全操作规范		因违规操作发生人身和设备事故，终止考核，成绩按0分计 超时每分钟扣2分，超时5 min终止考核	
	分数合计	100		

实训报告：

1. 叙述拆装雾灯的步骤。
2. 叙述拆装雾灯的注意事项。

任务 3　顶灯、后阅读灯、牌照灯、行李箱灯的拆装和检修

实训目标：

1. 认识顶灯、后阅读灯、牌照灯、行李箱灯的结构、特点。
2. 了解顶灯、后阅读灯、牌照灯、行李箱灯的型号规格。
3. 会对顶灯、后阅读灯、牌照灯、行李箱灯进行检查。
4. 掌握顶灯、后阅读灯、牌照灯、行李箱灯的拆装注意事项。
5. 会对顶灯、后阅读灯、牌照灯、行李箱灯的故障进行检修。

实训设备：

1. 桑塔纳 2000 型轿车 1 台，零件车 1 台，工具车 1 台。
2. 常用工具 1 套，万用表 1 只，抹布若干。
3. 桑塔纳 2000 型轿车维修手册 1 套，顶灯、后阅读灯、牌照灯、行李箱灯的相关挂图、图册若干。

技能训练：

一、操作前的准备工作

1. 将工位清理干净。
2. 准备好相关的工具、物品等。

提示：

◆养成良好的工作习惯，做好事前准备，有助于安全操作和提高工作效率。

二、拆卸蓄电池负极接线

1. 关闭点火开关。
2. 打开发动机舱盖并支撑。
3. 拆卸蓄电池电极柱接线。

注意：

拆卸蓄电池负极线后，使之可靠离开负极柱，以防发生短路事故。

三、拆卸顶灯	
	1. 拆卸顶灯总成。 a. 撬出顶灯总成。 提示： ◆用旋具从一边撬出。
	b. 拔下顶灯总成线束插头。
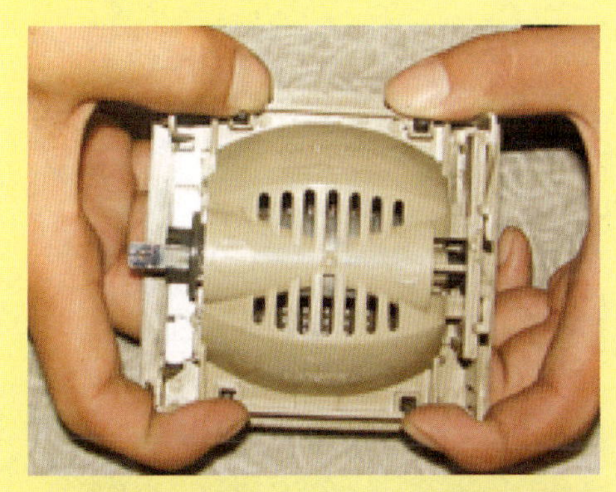 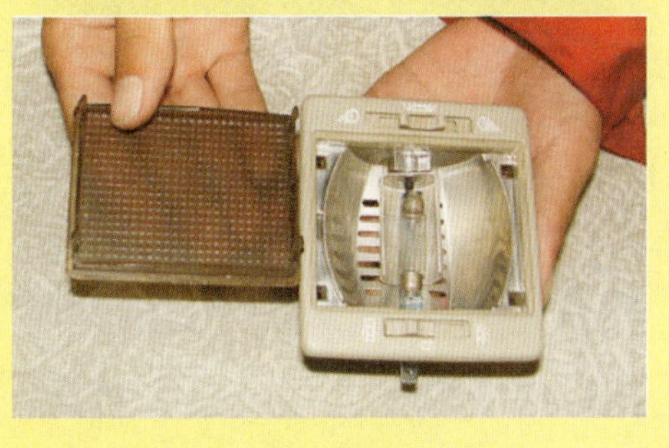	2. 分解顶灯总成。 a. 取下顶灯护罩。 提示： ◆用手同时按住 4 个卡子，向外推出护罩。

<table>
<tr><td>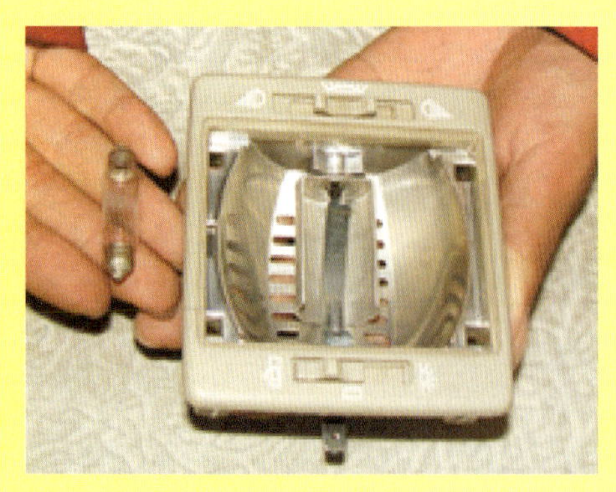</td><td>b. 取出顶灯灯泡。
提示：
◆支座是弹簧片。
◆观察灯泡是否完好。</td></tr>
<tr><td colspan="2">四、安装顶灯</td></tr>
<tr><td>
</td><td>1. 检查顶灯灯泡。
提示：
◆顶灯灯丝电阻值为 2.2 Ω。</td></tr>
<tr><td>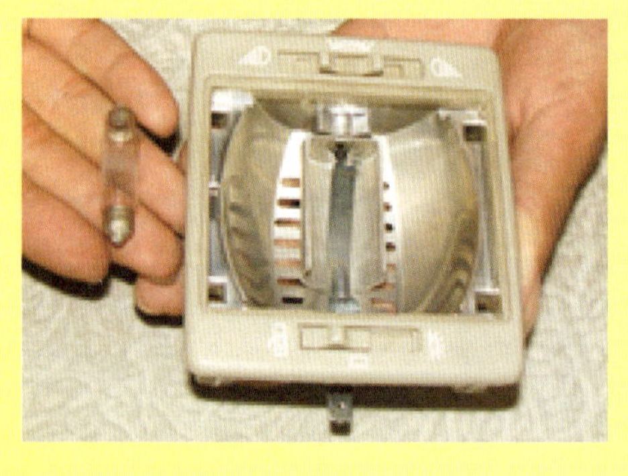</td><td>2. 组装顶灯总成。
a. 安装顶灯灯泡。
提示：
◆支座是弹簧片，将灯泡尾部向内压入。</td></tr>
<tr><td>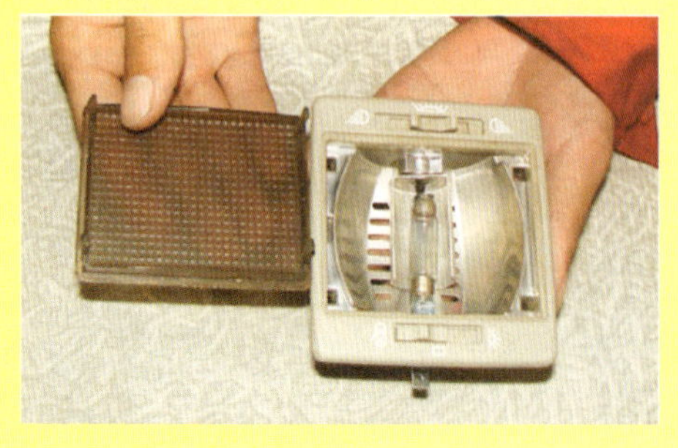</td><td>b. 安装顶灯护罩。
提示：
◆下护罩上的 4 个卡子对正位置后稍用力向里推入。</td></tr>
</table>

	3. 安装顶灯总成。 a. 接插顶灯总成线束插头。
	b. 安装顶灯总成。 提示： ◆用手推入顶灯总成。
五、拆卸后阅读灯	
	1. 拆卸后阅读灯总成。 a. 撬出后阅读灯总成。 提示： ◆用旋具从一边撬出。
	b. 拔下后阅读灯总成线束插头。

<table>
<tr><td>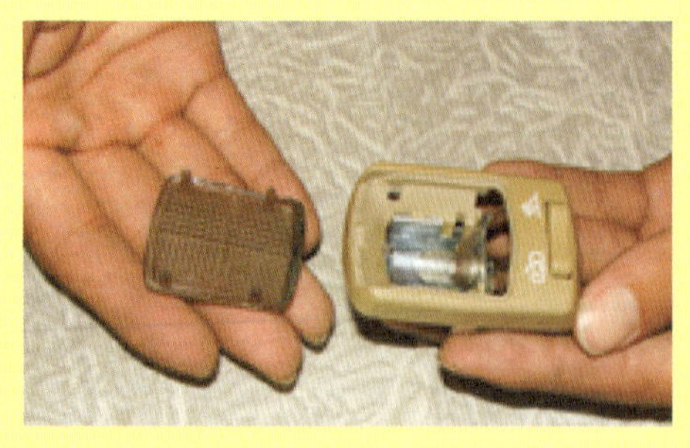</td><td>2. 分解后阅读灯总成。
a. 取下后阅读灯护罩。
提示：
◆用手同时按住 4 个卡子，向外推出护罩。</td></tr>
<tr><td>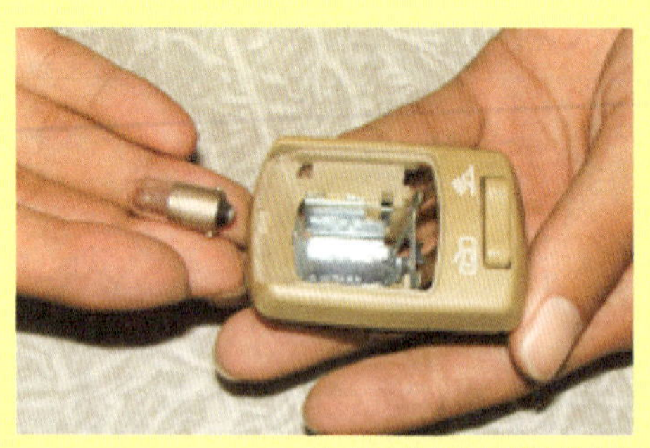</td><td>b. 取出后阅读灯灯泡。
提示：
◆支座是弹簧片。</td></tr>
<tr><td colspan="2">六、安装后阅读灯</td></tr>
<tr><td>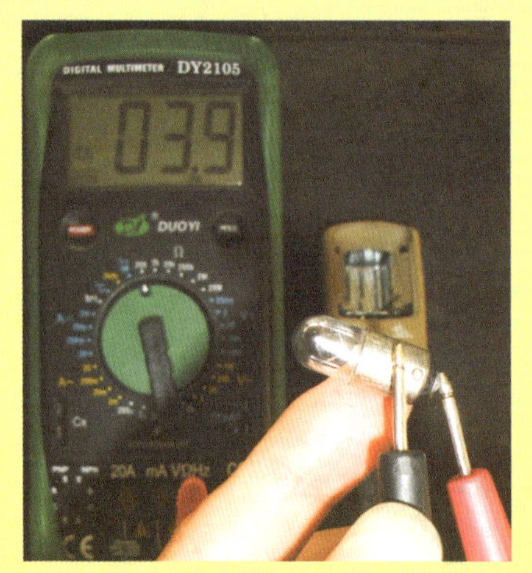
</td><td>1. 检查后阅读灯灯泡。
提示：
◆后阅读灯灯丝电阻值为 3.9 Ω。</td></tr>
<tr><td>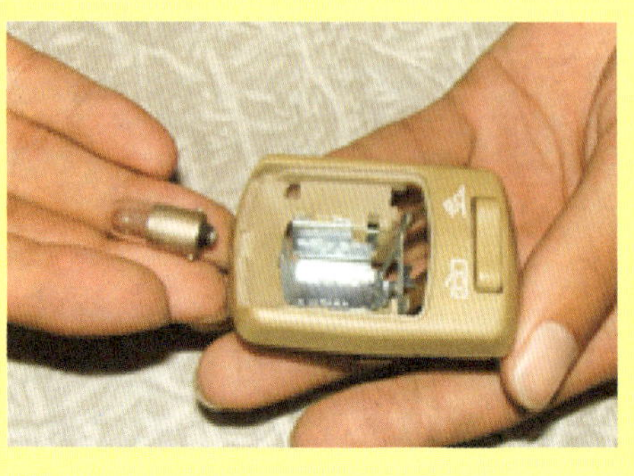</td><td>2. 组装后阅读灯总成。
a. 安装后阅读灯灯泡。
提示：
◆支座是弹簧片，将灯泡尾部向内压入。</td></tr>
</table>

b. 安装后阅读灯护罩。

提示：

◆下护罩上的 4 个卡子对正位置后稍用力向里推入。

3. 安装后阅读灯总成。

a. 接插后阅读灯总成线束插头。

b. 安装后阅读灯总成。

提示：

◆用手推入后阅读灯总成。

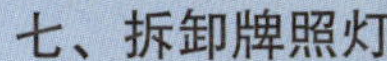

七、拆卸牌照灯

◆牌照灯是夜间或者天色比较暗的时候用以照亮牌照的灯。

◆牌照灯有两个（箭头所指）。

◆左右两个牌照灯的拆装方法相同。

	1. 打开行李箱。 提示： ◆插入钥匙，向左旋转，然后按下门锁。
 	2. 拆卸牌照灯护罩。 a. 拆卸牌照灯护罩固定螺钉。 提示： ◆每只护罩有两颗固定螺钉。
	b. 取出牌照灯护罩。
	3. 拆卸牌照灯灯座。 a. 拉出牌照灯灯座。 注意： 不可过多向外拉出牌照灯灯座，以防损坏线束。

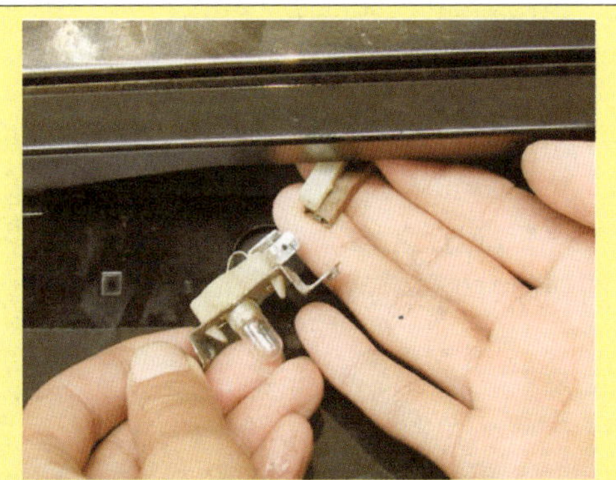

b. 拔下牌照灯线束插头。

c. 取下牌照灯灯座。

提示：

◆捏着插头向外拔出，不可拽拉线束，以防损坏。

4. 取下牌照灯灯泡。

提示：

◆牌照灯灯泡规格为 12 V 5 W。

八、安装牌照灯

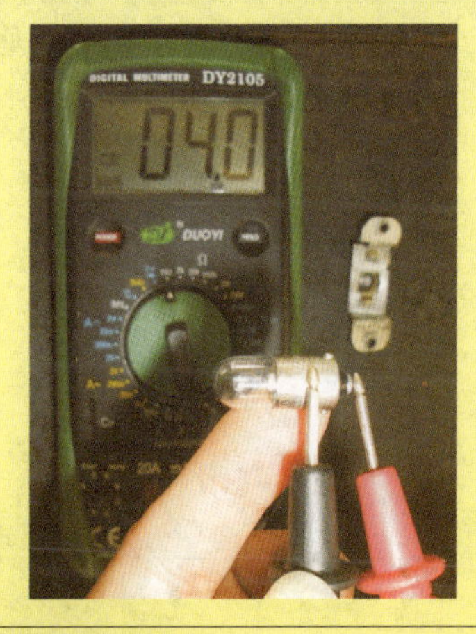

1. 检查牌照灯灯泡。

提示：

◆牌照灯灯丝电阻值为 4 Ω。

2. 安装牌照灯灯泡。

提示：

◆牌照灯灯泡规格为 12 V 5 W。

	3. 安装牌照灯灯座。 a. 接插牌照灯线束插头。
	b. 将牌照灯底座推回原位。
	4. 安装牌照灯护罩。 a. 将牌照灯护罩安放到位。
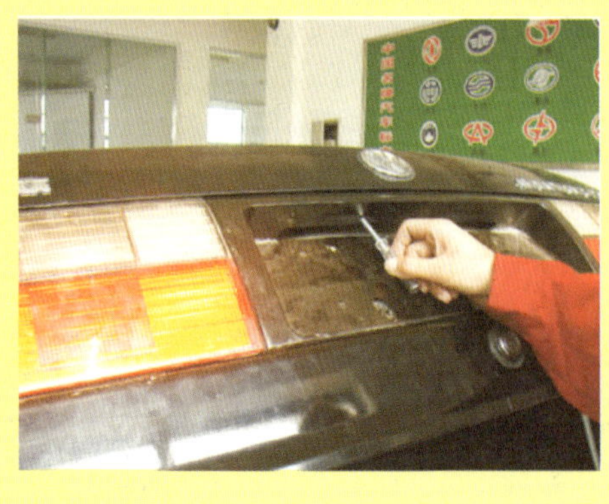	b. 拧紧照灯护罩固定螺钉。 提示： ◆每只护罩有两颗固定螺钉。

	5. 关闭行李箱。

九、拆卸行李箱灯

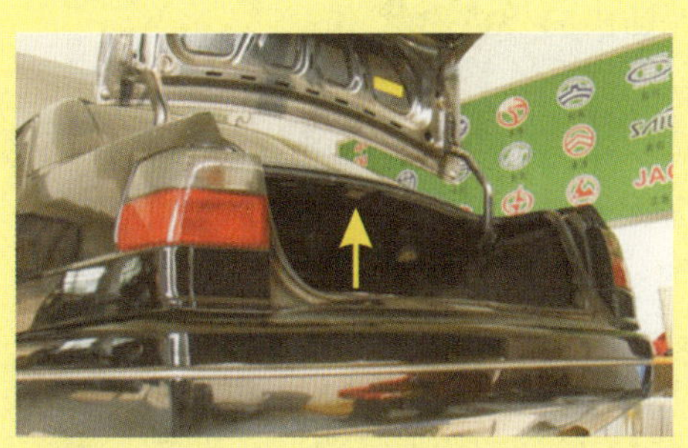	提示： ◆行李箱灯的作用是在打开行李箱盖的同时，在行李箱内自动点亮，以方便取物。 ◆箭头所指为行李箱灯。
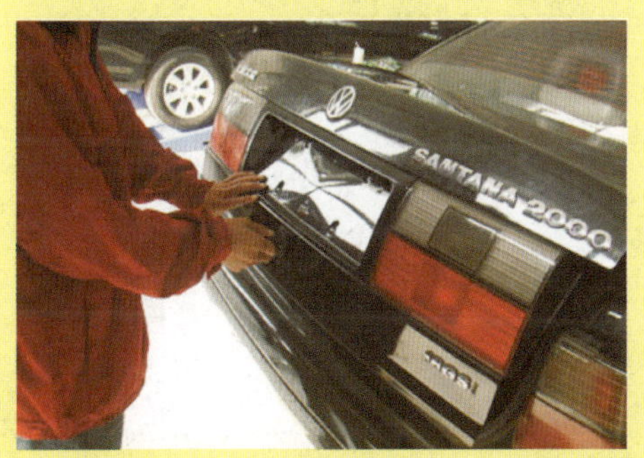	1. 打开行李箱。
	2. 撬出行李箱灯总成。 注意： 力度不可过大，以防损坏护罩。

<table>
<tr><td></td><td>3. 拉出行李箱灯总成。
注意：
不可过多向外拉拽，以防损坏线束。</td></tr>
<tr><td>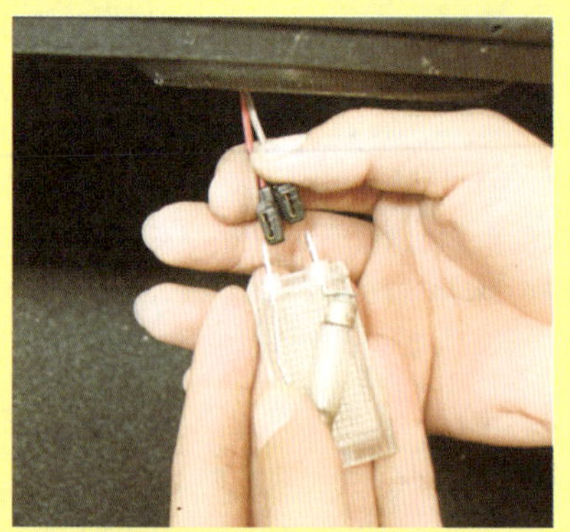</td><td>4. 拔下行李箱灯总成线束插头。
提示：
◆捏着插头向外拔出。
注意：
不可拉动线束，以防造成导线断裂或线束插头松动。</td></tr>
<tr><td>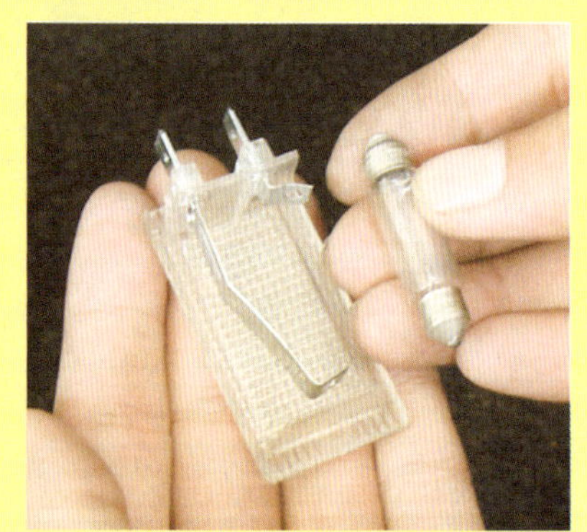</td><td>5. 取下行李箱灯灯泡。
提示：
◆行李箱灯灯泡规格为 12 V 5 W。</td></tr>
<tr><td colspan="2">十、安装行李箱灯</td></tr>
<tr><td>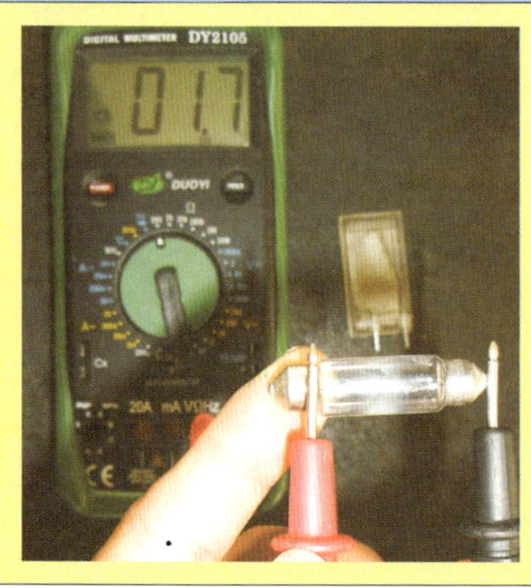
</td><td>1. 检查行李箱灯灯泡。
提示：
◆行李箱灯灯丝电阻值为 1.7 Ω。</td></tr>
</table>

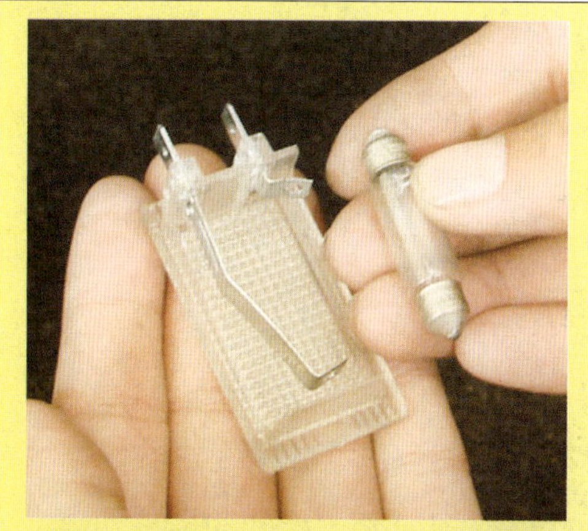	2. 安装行李箱灯灯泡。
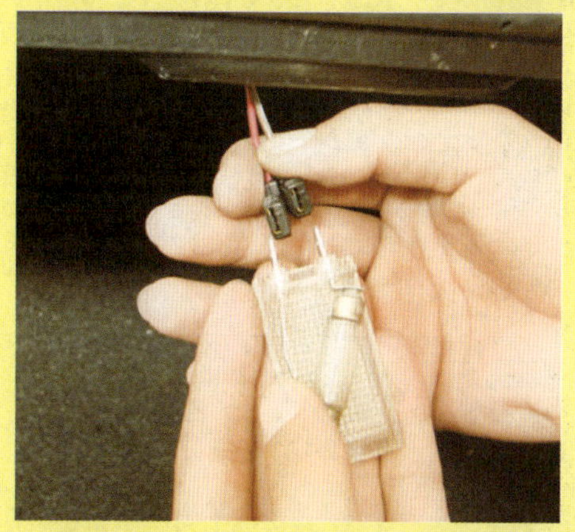	3. 接插行李箱灯总成线束插头。
	4. 安装行李箱灯总成。 提示： ◆用手推入行李箱灯总成。
	5. 关闭行李箱。

<table>
<tr><th colspan="2">十一、检查顶灯、后阅读灯、牌照灯、行李箱灯工作情况</th></tr>
<tr><td>
</td><td>1. 安装蓄电池负极接线。
提示：
◆螺栓拧紧力矩 10 N · m。</td></tr>
<tr><td></td><td>2. 检查顶灯、后阅读灯工作情况。
a. 打开顶灯开关第一挡。</td></tr>
<tr><td></td><td>b. 打开车门。
提示：
◆顶灯应亮。</td></tr>
<tr><td></td><td>c. 关闭车门，打开顶灯开关第二挡。
提示：
◆顶灯应亮。</td></tr>
</table>

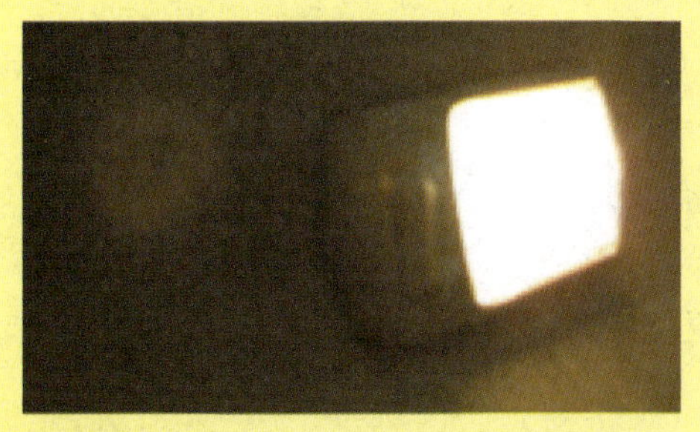	d. 打开后阅读灯开关。 提示： ◆后阅读灯应亮。
	3. 检查牌照灯工作情况。 提示： ◆打开灯光开关第一挡，牌照灯应亮。
	4. 检查行李箱灯工作情况。 提示： ◆打开行李箱，行李箱灯应亮。
十二、顶灯、后阅读灯、牌照灯、行李箱灯故障排除	
	1. 顶灯不亮。 注意： 该灯接线为常火线，操作时应注意安全，以防发生短路事故。 a. 检查门灯开关。 提示： ◆如开关损坏需更换。

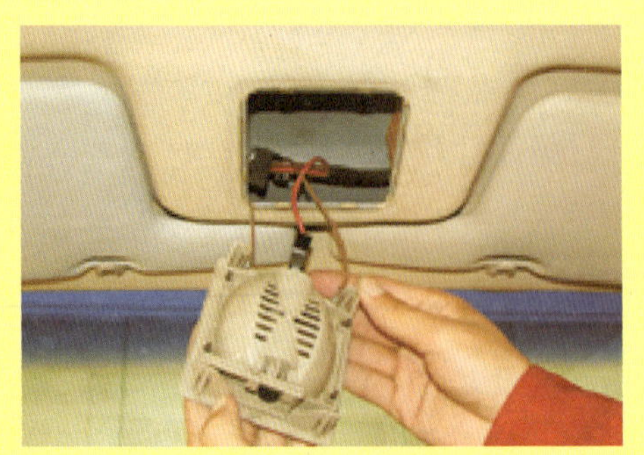	b. 检查顶灯总成接线、插头。 提示： ◆插头如松旷，应修复。
	c. 检查顶灯灯泡。 提示： ◆如灯泡损坏应更换。
	2. 后阅读灯不亮。 注意： 该灯接线为常火线，操作时应注意安全，以防发生短路事故。 a. 检查后阅读灯总成接线、插头。 提示： ◆插头松旷，可修复。
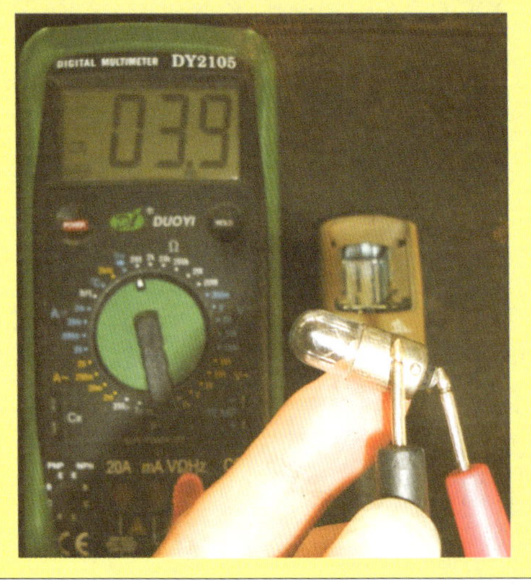	b. 检查后阅读灯灯泡。 提示： ◆如灯泡损坏应更换。

	3. 牌照灯不亮。 注意： 检查前应关闭点火开关和灯光开关，以防损坏设备。 a. 检查 S20（10 A）熔丝。 ◆熔丝如损坏应更换。
	b. 检查牌照灯总成接线、插头。 提示： ◆插头如松旷，应修复。
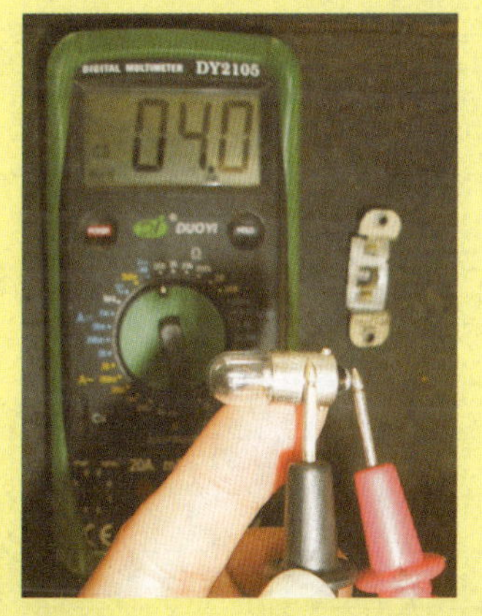	c. 检查牌照灯灯泡。 提示： ◆如灯泡损坏需更换。
	4. 行李箱灯不亮。 注意： 该灯接线为常火线，操作时应注意安全，以防发生短路事故。 a. 检查行李箱灯总成接线、插头。 提示： ◆插头如松旷，应修复。

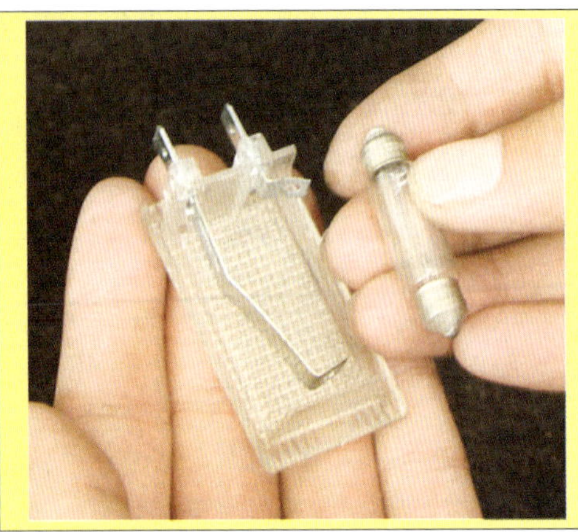

b. 检查行李箱灯灯泡。

提示：

◆如灯泡损坏应更换。

训 练 评 价 （一）

考核要求：

1. 在规定的时间内完成顶灯、后阅读灯、牌照灯和行李箱灯的拆装，使之符合技术标准。
2. 在操作过程中出现的违规操作，应及时指正。
3. 符合安全文明生产的要求。

考核标准：

考评标准表——拆装顶灯、后阅读灯、牌照灯、行李箱灯

考核时间	考 核 项 目	分值	评分标准与指导	评价结果
45 min	正确使用工具	10	工具使用不当酌情扣分，并指正	
	拆装蓄电池负极接线	10	按要求酌情扣分，并指正	
	拆装顶灯	10	按要求酌情扣分，并指正	
	拆装后阅读灯	15	按要求酌情扣分，并指正	
	拆装牌照灯	15	按要求酌情扣分，并指正	
	拆装行李箱灯	10	按要求酌情扣分，并指正	
	安装蓄电池负极接线	10	按要求酌情扣分，并指正	
	检查顶灯、后阅读灯、牌照灯、行李箱灯工作状况	10	按要求酌情扣分，并指正	
	整理工具、清理现场	10	每项扣 2 分，扣完为止	
	遵守相关安全操作规范		因违规操作发生人身和设备事故，终止考核，成绩按 0 分计 超时每分钟扣 1 分，超时 5 min 终止考核	
	分数合计	100		

训练评价（二）

考核要求：

1. 在规定的时间内完成顶灯、后阅读灯、牌照灯和行李箱灯的故障排除。
2. 在操作过程中出现的违规操作，应及时指正。
3. 符合安全文明生产的要求。

考核标准：

考评标准表——顶灯、后阅读灯、牌照灯和行李箱灯故障排除

考核时间	考 核 项 目	分值	评分标准与指导	评价结果
60 min	描述故障现象	10	故障现象描述不正确，扣 10 分 故障现象描述不准确，酌情扣分	
	分析故障原因	30	故障原因分析不正确，扣 30 分 故障原因分析不全面，酌情扣分	
	检查故障	20	不能明确故障点，扣 20 分	
	排除故障	10	故障点不能排除，扣 10 分	
	故障排除后检验	10	故障排除后不检验，扣 10 分	
	正确使用工具	10	工具使用不当酌情扣分，并指正	
	整理工具、清理现场	10	每项扣 2 分，扣完为止	
	遵守相关安全操作规范		因违规操作发生人身和设备事故，终止考核，成绩按 0 分计 超时每分钟扣 2 分，超时 5 min 终止考核	
	分数合计	100		

实训报告：

1. 叙述拆装顶灯、后阅读灯的步骤和注意事项。
2. 叙述拆装牌照灯、行李箱灯的步骤和注意事项。

任务 4　转向灯的拆装和检修

实训目标：

1. 认识转向灯的结构、特点。
2. 了解转向灯的型号规格。
3. 会对转向灯进行检查。
4. 掌握转向灯的拆装注意事项。
5. 会对转向灯故障进行检修。

实训设备：

1. 桑塔纳 2000 型轿车 1 台，零件车 1 台，工具车 1 台。
2. 常用工具 1 套，万用表 1 只，抹布若干。
3. 桑塔纳 2000 型轿车维修手册 1 套，转向灯的相关挂图若干。

技能训练：

一、操作前的准备工作

1. 将工位清理干净。
2. 准备好相关的工具、物品等。

提示：

◆养成良好的工作习惯，做好事前准备，有助于安全操作和提高工作效率。

二、拆卸蓄电池负极接线

1. 关闭点火开关。
2. 打开发动机舱盖并支撑。
3. 拆卸蓄电池电极柱接线。

注意：

拆卸蓄电池负极线后，使之可靠离开负极柱，以防发生短路事故。

三、拆卸前转向灯	
	1. 卸下左前转向灯总成固定弹簧。 提示： ◆转向灯通过弹簧固定在前照灯上，拆卸时用手指伸入环口轻轻向外拉。 注意： 力度不要过大，以免造成弹簧弹力减退。
	箭头所指为左前转向灯固定弹簧位置。
	2. 取出左前转向灯总成。 注意： 取出左前转向灯总成时不可过多向外拉拽，以防损坏线束。
	3. 拔下左前转向灯线束。 提示： ◆挑开插头上的两个卡子，拔下插头。 注意： 不可硬拉，以免造成导线断裂或插头损坏。

<table>
<tr><td>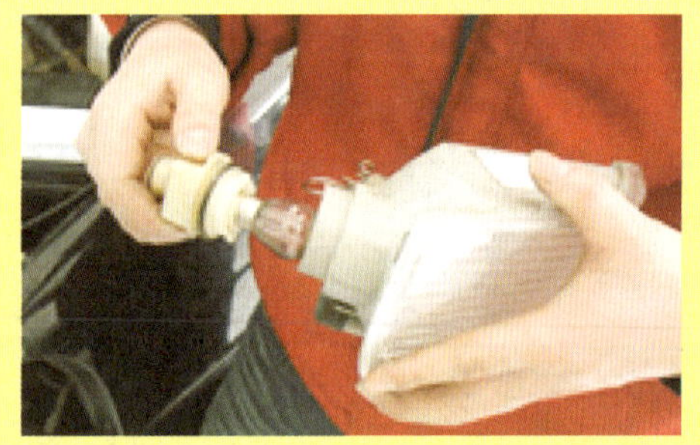</td><td>4. 取下左前转向灯灯座。
提示：
◆用手旋出。</td></tr>
<tr><td></td><td>5. 取下灯泡。
提示：
◆轻按灯泡，旋转 90°取出灯泡。
◆灯泡规格为 12 V 21 W。</td></tr>
<tr><td colspan="2">提示：
◆右前转向灯的拆卸方法与左前转向灯相同。</td></tr>
<tr><td colspan="2">四、拆卸后转向灯</td></tr>
<tr><td>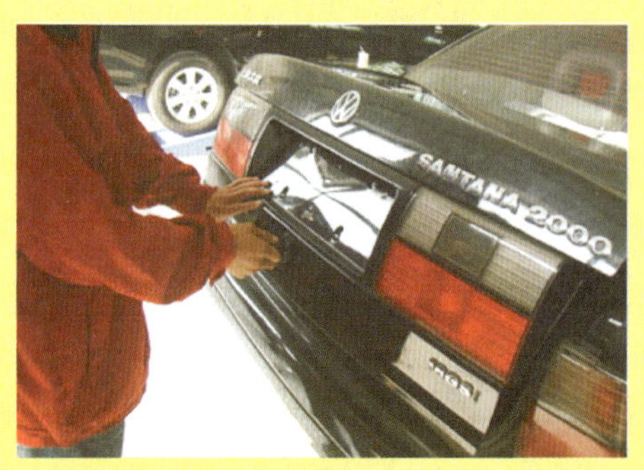
</td><td>1. 打开行李箱。
提示：
◆插入钥匙，向左旋转，然后按下门锁即可打开行李箱。</td></tr>
<tr><td></td><td>2. 拆卸左后转向灯总成固定螺栓。
提示：
◆共有 3 个螺栓。</td></tr>
</table>

	提示： ◆箭头所指为左后转向灯总成固定螺栓位置。
	3. 取下左后转向灯总成。 提示： ◆将左后转向灯总成用手从里向外轻轻推出。 注意： 总成线束插头还没有拆，取出时不可过多向外拉拽，以防损坏线束。
	4. 拔下左后转向灯总成线束插头。 提示： ◆用手捏住插头两边的卡子，拔出插头。 注意： 不可拽拉导线，以防造成导线断裂或松动。
	5. 取下左后转向灯灯座。 提示： ◆用手捏住两边的卡子取下。

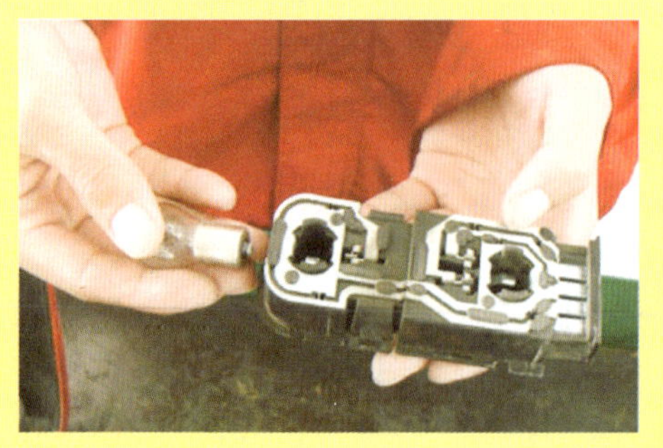	6. 取出左后转向灯灯泡。 提示： ◆轻按灯泡，旋转 90°取出灯泡。
提示： ◆右后转向灯的拆卸方法与左后转向灯相同。	
五、安装后转向灯总成	
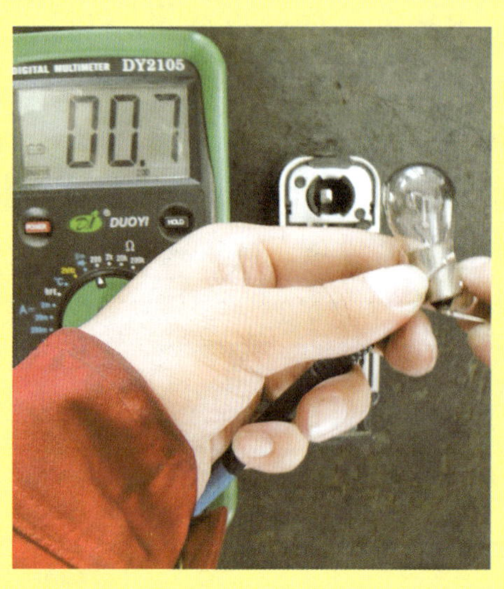	1. 检查后转向灯灯泡。 提示： ◆后转向灯灯丝电阻值为 0.7 Ω。
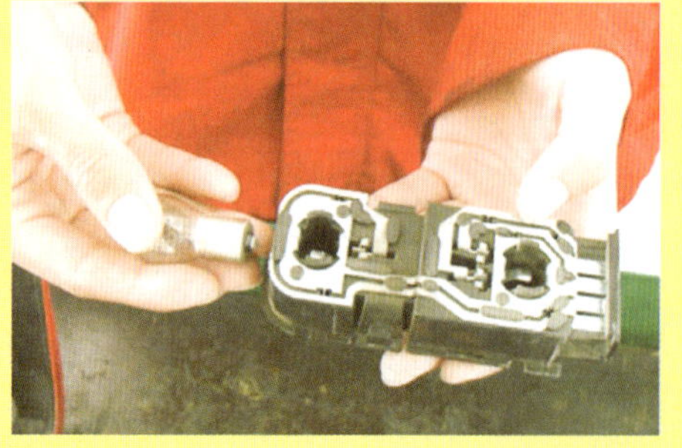	2. 安装左后转向灯灯泡。 提示： ◆灯泡卡口对齐卡槽，轻按下后旋转 90°固定。

	3. 安装左后转向灯灯座。 提示： ◆用手捏住两边的卡子装入。
	4. 安装左后转向灯总成线束插头。 提示： ◆用手捏住插头两边的卡子，插入插头。
	5. 安放左后转向灯总成。 提示： ◆用手从外向里轻轻推入。
	6. 拧紧左后转向灯总成固定螺栓。 提示： ◆共有 3 个螺栓。
提示： ◆右后转向灯的安装方法与左后转向灯相同。	

<table>
<tr><th colspan="2">六、安装前转向灯总成</th></tr>
<tr><td></td><td>1. 检查左前转向灯灯泡。
提示：
◆左前转向灯灯丝电阻值为 0.7 Ω。</td></tr>
<tr><td></td><td>2. 安装左前转向灯灯泡。
提示：
◆灯泡卡口对齐卡槽，轻按下后旋转 90°固定。</td></tr>
<tr><td>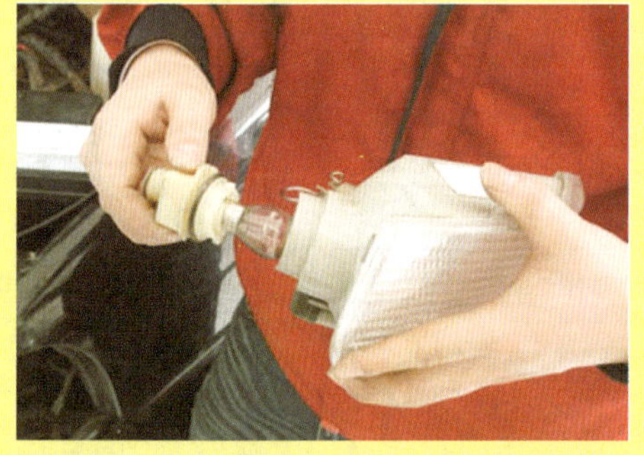</td><td>3. 安装转向灯座。
提示：
◆用手旋入。</td></tr>
<tr><td></td><td>4. 接插左前转向灯线束插头。</td></tr>
</table>

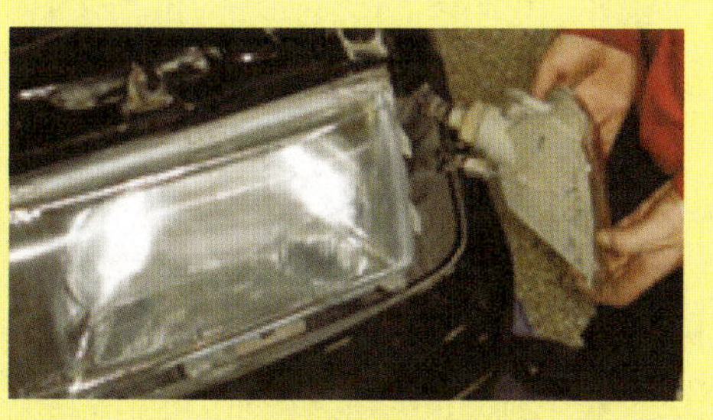

5. 安放左前转向灯总成。

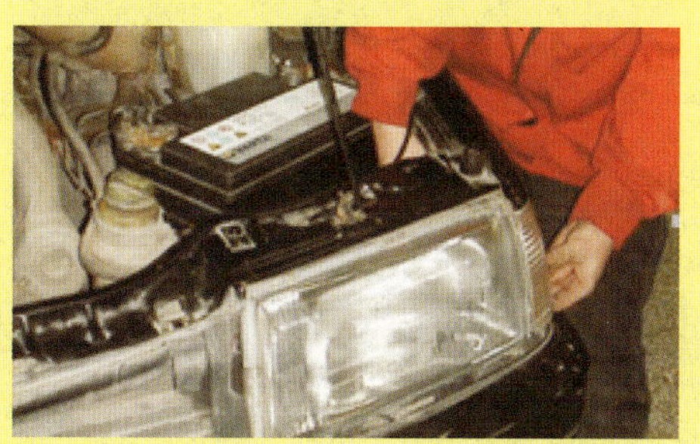

6. 安装左前转向灯总成。

提示：

◆左前转向灯通过弹簧固定在前照灯上，安装时将固定弹簧卡到左前转向灯总成上。

注意：

力度不要过大，以免造成弹簧弹力减退。

提示：

◆右前转向灯和左、右后转向灯的安装方法与左前转向灯相同。

七、检查转向灯工作情况

1. 安装蓄电池负极接线。

提示：

◆螺栓拧紧力矩 10 N · m。

2. 打开点火开关。

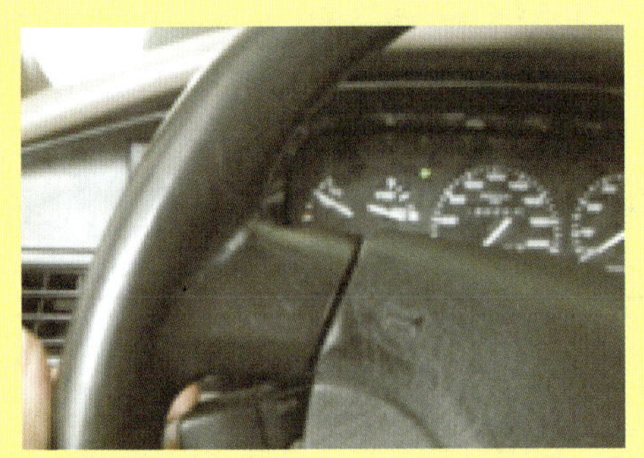	3. 逆时针拨动转向灯开关。 提示： ◆右侧转向灯应工作。
	4. 顺时针拨动转向灯开关。 提示： ◆左侧转向灯应工作。
	5. 关闭点火开关，打开危险报警灯开关。 提示： ◆两侧转向灯应同时工作。 ◆桑塔纳 2000 型轿车的危险报警灯和转向灯是同一套灯具。
八、转向灯故障排除	
	1. 单个转向灯不亮。 注意： 检查前应关闭点火开关、转向灯开关和危险报警灯开关，以防损坏设备。 a. 检查转向灯总成接线、插头。 提示： ◆插头如松旷，应修复。

<table>
<tr><td></td><td>b. 检查转向灯灯泡。
提示：
◆灯泡如损坏需更换。</td></tr>
<tr><td>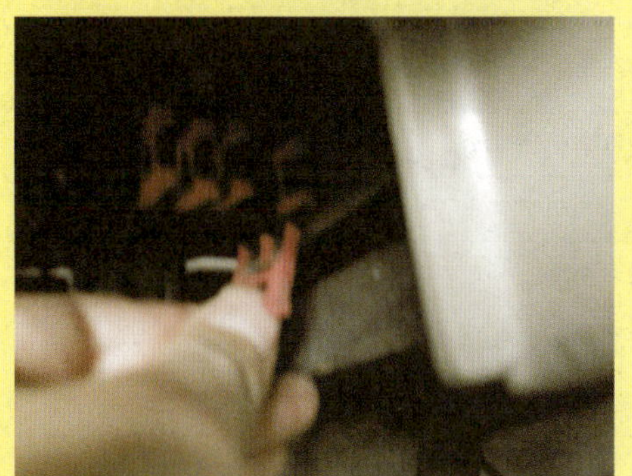</td><td>2. 拨动转向灯开关，转向灯不亮。
注意：
检查前应关闭点火开关、转向灯开关和危险报警灯开关，以防损坏设备。
◆检查 S19（10 A）熔丝，如损坏应更换。</td></tr>
<tr><td></td><td>3. 按下危险报警灯开关，转向灯不亮。
注意：
检查前应关闭点火开关、转向灯开关和危险报警灯开关，以防损坏设备。
◆检查 S4（15A）熔丝，如损坏应更换。</td></tr>
<tr><td>
</td><td>4. 拨动转向灯开关和按下危险报警灯开关，转向灯均不亮。
注意：
检查前应关闭点火开关、转向灯开关和危险报警灯开关，以防损坏设备。
检查闪光继电器。
提示：
◆闪光继电器在中央电气盒 12 号位置。
◆如损坏应更换。</td></tr>
</table>

训 练 评 价（一）

考核要求：

1. 在规定的时间内完成转向灯的拆装，使之符合技术标准。
2. 在操作过程中出现的违规操作，应及时指正。
3. 符合安全文明生产的要求。

考核标准：

考评标准表——拆装转向灯

<table>
<tr><th>考核时间</th><th>考 核 项 目</th><th>分值</th><th>评分标准与指导</th><th>评价结果</th></tr>
<tr><td rowspan="11">30 min</td><td>正确使用工具</td><td>10</td><td>工具使用不当酌情扣分，并指正</td><td></td></tr>
<tr><td>拆蓄电池负极接线</td><td>10</td><td>按要求酌情扣分，并指正</td><td></td></tr>
<tr><td>拆卸前转向灯</td><td>10</td><td>按要求酌情扣分，并指正</td><td></td></tr>
<tr><td>拆卸后转向灯</td><td>15</td><td>按要求酌情扣分，并指正</td><td></td></tr>
<tr><td>安装前转向灯</td><td>10</td><td>按要求酌情扣分，并指正</td><td></td></tr>
<tr><td>安装后转向灯</td><td>15</td><td>按要求酌情扣分，并指正</td><td></td></tr>
<tr><td>检查转向灯工作状况</td><td>10</td><td>按要求酌情扣分，并指正</td><td></td></tr>
<tr><td>安装蓄电池负极接线</td><td>10</td><td>按要求酌情扣分，并指正</td><td></td></tr>
<tr><td>整理工具、清理现场</td><td rowspan="2">10</td><td>每项扣2分，扣完为止</td><td></td></tr>
<tr><td>遵守相关安全操作规范</td><td>因违规操作发生人身和设备事故，终止考核，成绩按0分计
超时每分钟扣1分，超时10 min终止考核</td><td></td></tr>
<tr><td>分数合计</td><td>100</td><td></td><td></td></tr>
</table>

训 练 评 价（二）

考核要求：

1. 在规定的时间内完成转向灯的故障排除。
2. 在操作过程中出现的违规操作，应及时指正。
3. 符合安全文明生产的要求。

考核标准：

考评标准表——转向灯故障排除

考核时间	考 核 项 目	分值	评分标准与指导	评价结果
20 min	描述故障现象	10	故障现象描述不正确，扣 10 分 故障现象描述不准确，酌情扣分	
	分析故障原因	30	故障原因分析不正确，扣 30 分 故障原因分析不全面，酌情扣分	
	检查故障	20	不能明确故障点，扣 20 分	
	排除故障	10	故障点不能排除，扣 10 分	
	故障排除后检验	10	故障排除后不检验，扣 10 分	
	正确使用工具	10	工具使用不当酌情扣分，并指正	
	整理工具、清理现场	10	每项扣 2 分，扣完为止	
	遵守相关安全操作规范		因违规操作发生人身和设备事故，终止考核，成绩按 0 分计 超时每分钟扣 2 分，超时 5 min 终止考核	
	分数合计	100		

实训报告：

1. 叙述拆装转向灯的步骤。
2. 叙述拆装转向灯的注意事项。

任务 5　倒车灯的拆装和检修

实训目标：

1. 认识倒车灯的结构、特点。
2. 了解倒车灯的型号规格。
3. 会对倒车灯进行检查。
4. 掌握倒车灯的拆装注意事项。
5. 会对倒车灯故障进行检修。

实训设备：

1. 桑塔纳 2000 型轿车 1 台，零件车 1 台，工具车 1 台。
2. 常用工具 1 套，万用表 1 只，抹布若干。
3. 桑塔纳 2000 型轿车维修手册 1 套，倒车灯的相关挂图、图册若干。

技能训练：

一、操作前的准备工作

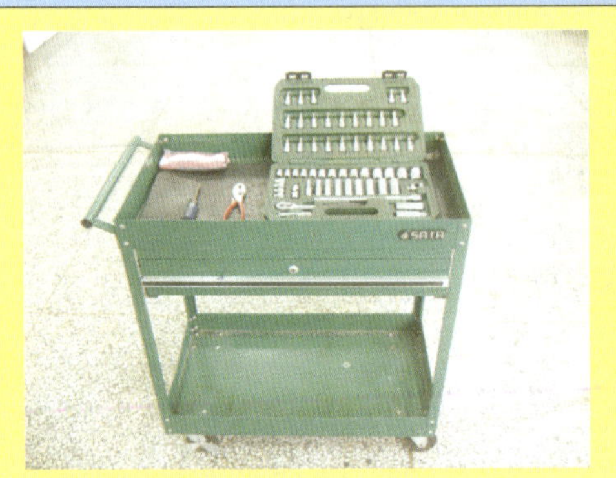

1. 将工位清理干净。
2. 准备好相关的工具、物品等。

提示：

◆养成良好的工作习惯，做好事前准备，有助于安全操作和提高工作效率。

二、拆卸蓄电池负极接线

1. 关闭点火开关。
2. 打开发动机舱盖并支撑。
3. 拆卸蓄电池电极柱接线。

注意：

拆卸蓄电池负极线后，使之可靠离开负极柱，以防发生短路事故。

三、拆卸倒车灯

知识链接：

倒车灯装于汽车尾部，用于倒车时照亮车后道路，并提示车辆和行人本车正在倒车或准备倒车。它兼有灯光、信号装置的功能。灯光为白色，功率为 28 W。

1. 打开行李箱。

提示：

◆插入钥匙，向左旋转，然后按下门锁即可打开行李箱。

	2. 拆卸左倒车灯总成固定螺母。 提示： ◆共 3 颗固定螺母。
	提示： ◆箭头所指为后雾灯、倒车灯总成固定螺母位置。
	3. 取出倒车灯总成。 提示： ◆将倒车灯总成用手从里向外轻轻推出。 注意： 倒车灯总成线束插头还没有拆，取出时不可过多向外拉拽，以防损坏线束。
	4. 拔下倒车灯总成线束插头。 提示： ◆用手捏住插头两边的卡子，拔出插头。 注意： 不可拽拉导线，以防造成导线断裂或松动。

<table>
<tr><td></td><td>5. 取下灯泡底座。
提示：
◆捏住灯泡底座两边的卡子，将底座取出。</td></tr>
<tr><td>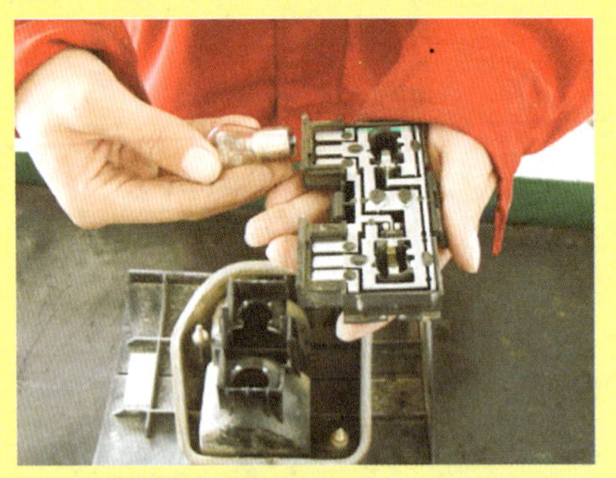</td><td>6. 取出倒车灯灯泡。
提示：
◆轻按灯泡，旋转 90°取出灯泡。</td></tr>
<tr><td colspan="2">四、安装倒车灯</td></tr>
<tr><td>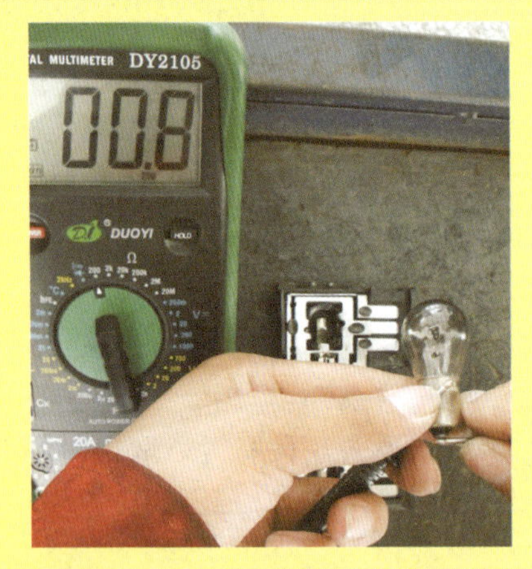
</td><td>1. 检查倒车灯灯泡。
提示：
◆将万用表打到 Ω 挡，量程为 200 Ω 的位置。
◆倒车灯灯丝电阻值为 0.8 Ω。</td></tr>
<tr><td></td><td>2. 安装倒车灯灯泡。
提示：
◆灯泡卡口对齐卡槽，轻按下后旋转 90°固定。</td></tr>
</table>

	3. 安装灯泡底座。 提示： ◆捏住灯泡底座两边的卡子，将底座向里推入。
	4. 安装倒车灯总成线束插头。 提示： ◆用手捏住插头两边的卡子，向里推入。 注意： 不可拽拉导线，以防造成导线断裂或松动。
	5. 安装倒车灯总成。 提示： ◆将倒车灯总成用手从外向里轻轻推入。
	6. 安装倒车灯总成固定螺母。 提示： ◆共 3 颗固定螺母。

<table>
<tr><td>
</td><td>7. 关闭行李箱。</td></tr>
<tr><td colspan="2">五、检查倒车灯工作情况</td></tr>
<tr><td>
</td><td>1. 安装蓄电池负极接线。
提示：
◆螺栓拧紧力矩 10 N · m。</td></tr>
<tr><td>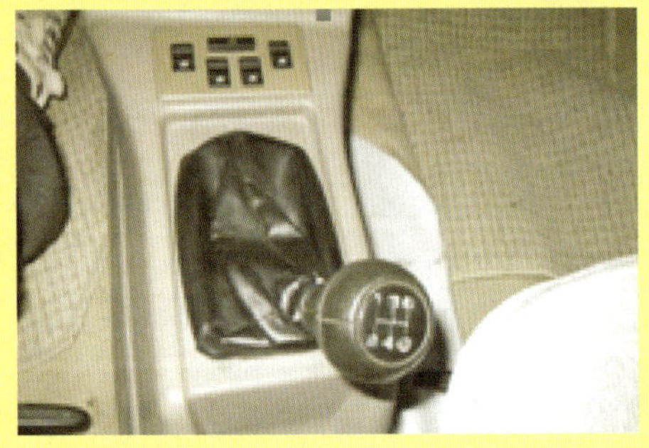</td><td>2. 将变速器挂入倒挡。
提示：
◆倒车灯应亮。</td></tr>
<tr><td colspan="2">六、倒车灯故障排除</td></tr>
<tr><td></td><td>1. 检查倒车灯总成接线、插头。
提示：
◆插头如松旷，应修复。</td></tr>
</table>

2. 检查倒车灯灯泡。

提示：

◆如灯泡损坏应更换。

3. 检查S15（10 A）熔丝。

◆熔丝如损坏应更换。

训练评价（一）

考核要求：

1. 在规定的时间内完成倒车灯的拆装，使之符合技术标准。
2. 在操作过程中出现的违规操作，应及时指正。
3. 符合安全文明生产的要求。

考核标准：

考评标准表——拆装倒车灯（一）

考核时间	考核项目	分值	评分标准与指导	评价结果
20 min	正确使用工具	10	工具使用不当酌情扣分，并指正	
	拆蓄电池负极接线	5	按要求酌情扣分，并指正	

续表

考核时间	考 核 项 目	分值	评分标准与指导	评价结果
20 min	拆卸倒车灯总成固定螺母	10	按要求酌情扣分，并指正	
	取出倒车灯总成	5	按要求酌情扣分，并指正	
	拆卸倒车灯总成线束插头	10	按要求酌情扣分，并指正	
	取出倒车灯底座	5	按要求酌情扣分，并指正	
	取出倒车灯灯泡	5	按要求酌情扣分，并指正	
	检查、安装倒车灯总成	15	按要求酌情扣分，并指正	
	安装倒车灯总成线束插头	5	按要求酌情扣分，并指正	
	安装倒车灯总成固定螺母	15	按要求酌情扣分，并指正	
	安装蓄电池负极接线	5	按要求酌情扣分，并指正	
	整理工具、清理现场	10	每项扣2分，扣完为止	
	遵守相关安全操作规范		因违规操作发生人身和设备事故，终止考核，成绩按0分计 超时每分钟扣1分，超时10 min终止考核	
	分数合计	100		

训练评价（二）

考核要求：

1. 在规定的时间内完成倒车灯的故障排除。
2. 在操作过程中出现的违规操作，应及时指正。
3. 符合安全文明生产的要求。

考核标准：

考评标准表——倒车灯故障排除

考核时间	考 核 项 目	分值	评分标准与指导	评价结果
20 min	描述故障现象	10	故障现象描述不正确，扣10分 故障现象描述不准确，酌情扣分	
	分析故障原因	30	故障原因分析不正确，扣30分 故障原因分析不全面，酌情扣分	

续表

考核时间	考 核 项 目	分值	评分标准与指导	评价结果
20 min	检查故障	20	不能明确故障点，扣 20 分	
	排除故障	10	故障点不能排除，扣 10 分	
	故障排除后检验	10	故障排除后不检验，扣 10 分	
	整理工具、清理现场	10	每项扣 2 分，扣完为止	
	遵守相关安全操作规范		因违规操作发生人身和设备事故，终止考核，成绩按 0 分计 超时每分钟扣 2 分，超时 5 min 终止考核	
	分数合计	100		

实训报告：

1. 叙述拆装倒车灯的步骤。
2. 叙述拆装倒车灯的注意事项。

任务 6　制动灯的拆装和检修

实训目标：

1. 认识制动灯的结构、特点。
2. 了解制动灯的型号规格。
3. 会对制动灯进行检查。
4. 掌握制动灯的拆装注意事项。
5. 会对制动灯故障进行检修。

实训设备：

1. 桑塔纳 2000 型轿车 1 台，零件车 1 台，工具车 1 台。
2. 常用工具 1 套，万用表 1 只，抹布若干。
3. 桑塔纳 2000 型轿车维修手册 1 套，制动灯的相关挂图、图册若干。

技能训练：

一、操作前的准备工作

1. 将工位清理干净。
2. 准备好相关的工具、物品等。

提示：

◆养成良好的工作习惯，做好事前准备，有助于安全操作和提高工作效率。

二、拆卸蓄电池负极接线

1. 关闭点火开关。
2. 打开发动机舱盖并支撑。
3. 拆卸蓄电池电极柱接线。

注意：

拆卸蓄电池负极线后，使之可靠离开负极柱，以防发生短路事故。

三、拆卸制动灯

知识链接：

制动灯（刹车灯）安装在车尾两边，当驾驶员踩下制动踏板时，制动灯即亮起，并发出红色光，提醒后面的车辆注意；当驾驶员松开制动踏板时，制动灯即熄灭。

高位制动灯也称为第三制动灯，一般装在车尾上部，以便后方车辆能及早发现前方车辆已实施制动并及时采取措施，防止发生汽车追尾事故。由于汽车已有左右两个制动灯，因此，人们习惯上也把装在车尾上部的高位制动灯称为第三制动灯。

1. 打开行李箱。

提示：

◆插入钥匙，向左旋转，然后按下门锁即可打开行李箱。

	2. 拆卸左侧制动灯总成固定螺栓。 提示： ◆共有 3 个螺栓。
	提示： 箭头所指为左侧制动灯总成固定螺栓的位置。
	3. 取下左侧制动灯总成。 提示： ◆将左侧制动灯总成用手从里向外轻轻推出。 注意： 线束插头还没有拆，取出时不可过多向外拉拽，以防损坏线束。
	4. 拔下左侧制动灯总成线束插头。 提示： ◆用手捏住插头两边的卡子，拔出插头。 注意： 不可拽拉导线，以防造成导线断裂或松动。

	5. 取下左侧制动灯灯座。 提示： ◆用手捏住两边的卡子取下。
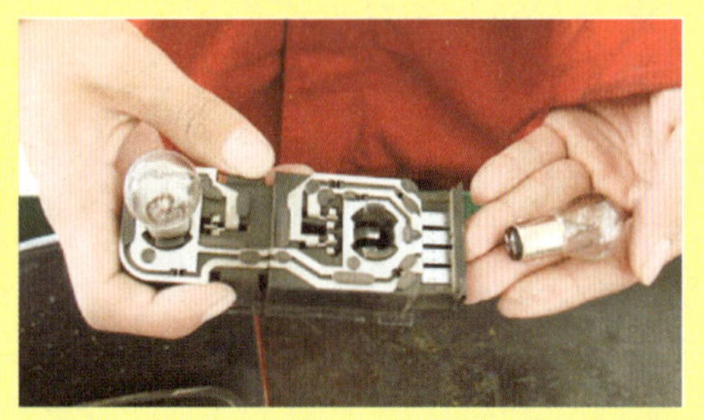	6. 取出左侧制动灯灯泡。 提示： ◆轻按灯泡，旋转 90°取出灯泡。
	灯泡如左图所示。 提示： ◆该灯泡为双丝灯泡，规格为 12 V 21 W/5 W（制动灯和尾灯）。 注意： 安装时需要注意，21 W 的灯丝为制动灯（较亮）。
提示： ◆右侧制动灯拆卸方法与左侧制动灯相同。	

<table>
<tr><th colspan="2">四、安装制动灯</th></tr>
<tr><td>

</td><td>
1. 检查制动灯灯泡。

提示：

◆制动灯灯丝电阻值为 2. 6 Ω。
</td></tr>
<tr><td>
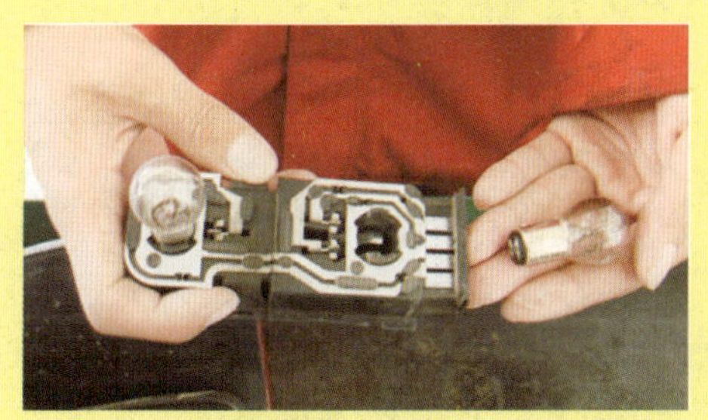
</td><td>
2. 安装左侧制动灯灯泡。

提示：

◆灯泡卡口对齐卡槽，轻按下后旋转 90°固定。
</td></tr>
<tr><td>

</td><td>
3. 安装左侧制动灯灯座。

提示：

◆用手捏住两边的卡子装入。
</td></tr>
</table>

	4. 接插左侧制动灯总成线束插头。 提示： ◆用手捏住插头两边的卡子，向里插入插头。
	5. 安放左侧制动灯总成。 提示： ◆将左侧制动灯总成用手从外向里轻轻推入。
	6. 拧紧左侧制动灯总成固定螺栓。 提示： ◆共有 3 个固定螺栓。
	7. 关闭行李箱。

提示：

◆右侧制动灯的安装与左侧制动灯方法相同。

五、检查制动灯工作情况

1．安装蓄电池负极接线。

提示：

◆螺栓拧紧力矩 10 N·m。

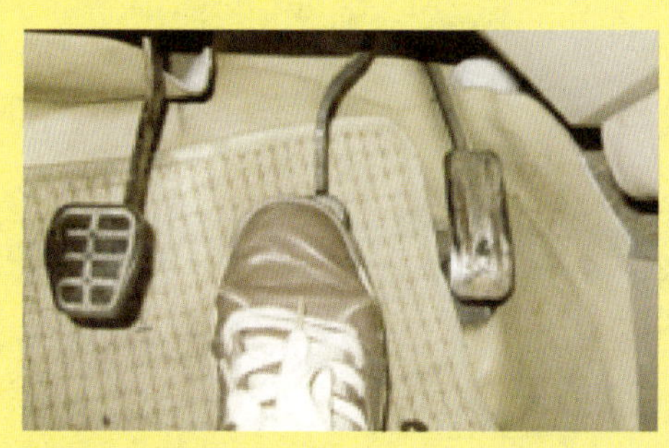

2．踩下制动踏板。

提示：

◆制动灯应亮。

六、制动灯故障排除

1．单个制动灯不亮。

a．检查制动灯总成接线、插头。

提示：

◆插头如松旷，应修复。

<table>
<tr>
<td>
</td>
<td>b. 检查制动灯灯泡。
提示：
◆如灯泡损坏应更换。</td>
</tr>
<tr>
<td></td>
<td>2. 左右制动灯均不亮。
检查 S2（10 A）熔丝。
提示：
◆熔丝如损坏应更换。</td>
</tr>
</table>

训练评价（一）

考核要求：

1. 在规定的时间内完成制动灯的拆装，使之符合技术标准。
2. 在操作过程中出现的违规操作，应及时指正。
3. 符合安全文明生产的要求。

考核标准：

考评标准表——拆装制动灯

<table>
<tr><th>考核时间</th><th>考 核 项 目</th><th>分值</th><th>评分标准与指导</th><th>评价结果</th></tr>
<tr><td rowspan="14">30 min</td><td>正确使用工具</td><td>10</td><td>工具使用不当酌情扣分，并指正</td><td></td></tr>
<tr><td>拆卸蓄电池负极接线</td><td>5</td><td>按要求酌情扣分，并指正</td><td></td></tr>
<tr><td>拆卸制动灯总成紧固螺栓</td><td>10</td><td>按要求酌情扣分，并指正</td><td></td></tr>
<tr><td>取出制动灯总成</td><td>5</td><td>按要求酌情扣分，并指正</td><td></td></tr>
<tr><td>拆卸制动灯总成线束插头</td><td>10</td><td>按要求酌情扣分，并指正</td><td></td></tr>
<tr><td>取出制动灯底座</td><td>5</td><td>按要求酌情扣分，并指正</td><td></td></tr>
<tr><td>取出制动灯灯泡</td><td>5</td><td>按要求酌情扣分，并指正</td><td></td></tr>
<tr><td>检查、安装制动灯灯泡</td><td>15</td><td>按要求酌情扣分，并指正</td><td></td></tr>
<tr><td>安装制动灯底座</td><td>5</td><td>按要求酌情扣分，并指正</td><td></td></tr>
<tr><td>安装制动灯总成</td><td>15</td><td>按要求酌情扣分，并指正</td><td></td></tr>
<tr><td>安装蓄电池负极接线</td><td>5</td><td>按要求酌情扣分，并指正</td><td></td></tr>
<tr><td>整理工具、清理现场</td><td rowspan="2">10</td><td>每项扣 2 分，扣完为止</td><td></td></tr>
<tr><td>遵守相关安全操作规范</td><td>因违规操作发生人身和设备事故，终止考核，成绩按 0 分计
超时每分钟扣 1 分，超时 10 min 终止考核</td><td></td></tr>
<tr><td>分数合计</td><td>100</td><td></td><td></td></tr>
</table>

训 练 评 价（二）

考核要求：

1. 在规定的时间内完成制动灯的故障排除。
2. 在操作过程中出现的违规操作，应及时指正。
3. 符合安全文明生产的要求。

考核标准：

考评标准表——制动灯故障排除

<table>
<tr><th>考核时间</th><th>考 核 项 目</th><th>分值</th><th>评分标准与指导</th><th>评价结果</th></tr>
<tr><td rowspan="2">60 min</td><td>描述故障现象</td><td>10</td><td>故障现象描述不正确，扣 10 分
故障现象描述不准确，酌情扣分</td><td></td></tr>
<tr><td>分析故障原因</td><td>30</td><td>故障原因分析不正确，扣 30 分
故障原因分析不全面，酌情扣分</td><td></td></tr>
</table>

续表

考核时间	考 核 项 目	分值	评分标准与指导	评价结果
60 min	检查故障	20	不能明确故障点，扣 20 分	
	排除故障	10	故障点不能排除，扣 10 分	
	故障排除后检验	10	故障排除后不检验，扣 10 分	
	正确使用工具	10	工具使用不当酌情扣分，并指正	
	整理工具、清理现场	10	每项扣 2 分，扣完为止	
	遵守相关安全操作规范		因违规操作发生人身和设备事故，终止考核，成绩按 0 分计 超时每分钟扣 2 分，超时 5 min 终止考核	
	分数合计	100		

实训报告：

1. 叙述拆装制动灯的步骤。
2. 叙述拆装制动灯的注意事项。

课题五　仪表系统和辅助装置的拆装和检修

任务 1　仪表台的拆装和检修

实训目标：

1. 能够完成仪表台的拆装。
2. 掌握仪表台各部件拆装的注意事项及步骤。
3. 会对仪表系统故障进行检修。

实训设备：

1. 桑塔纳 2000 型轿车 1 台，零件车 1 台，工具车 1 台。
2. 常用工具 1 套，万用表 1 只，抹布若干。
3. 桑塔纳 2000 型轿车维修手册 1 套，仪表台相关挂图、图册若干。

技能训练：

一、操作前的准备工作

1. 将工位清理干净。
2. 准备好相关的工具、物品等。

提示：

◆养成良好的工作习惯，做好事前准备，有助于安全操作和提高工作效率。

二、拆卸蓄电池负极接线

1. 关闭点火开关。
2. 打开发动机舱盖并支撑。
3. 拆卸蓄电池电极柱接线。

注意：

拆卸蓄电池负极线后，使之可靠离开负极柱，以防发生短路事故。

<table>
<tr><th colspan="2">三、拆卸仪表板</th></tr>
<tr><td></td><td>1. 拆卸喇叭盖板。
提示：
◆喇叭盖板位于方向盘中间，拆卸时用双手扣住两侧缝隙，均匀用力，向外拉出。
注意：
因盖板下面装有喇叭线束，不可过度向外拉出，以防损坏线束。</td></tr>
<tr><td></td><td>2. 拔下盖板背面喇叭线束插头。</td></tr>
<tr><td></td><td>3. 拆卸转向盘固定螺母。
提示：
◆将转向盘固定好后再拆卸螺母。</td></tr>
</table>

	4. 取出转向盘的固定螺母和垫片。
	5. 取出转向盘。 提示： ◆双手均匀用力，向外拔出转向盘。
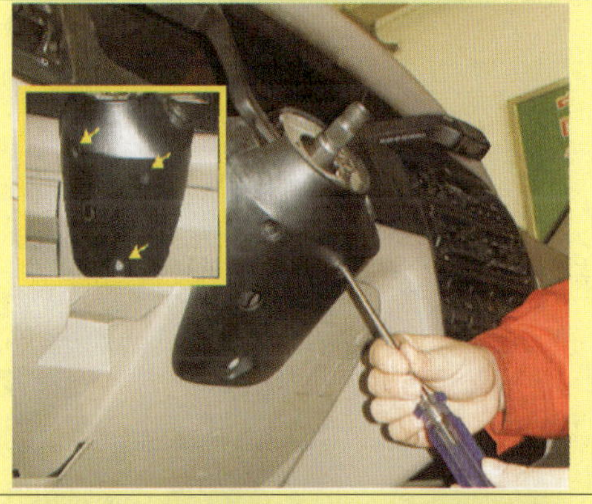	6. 拆卸转向柱下装饰罩固定螺栓。 提示： ◆下装饰罩有 3 个螺栓，位置如左图所示。
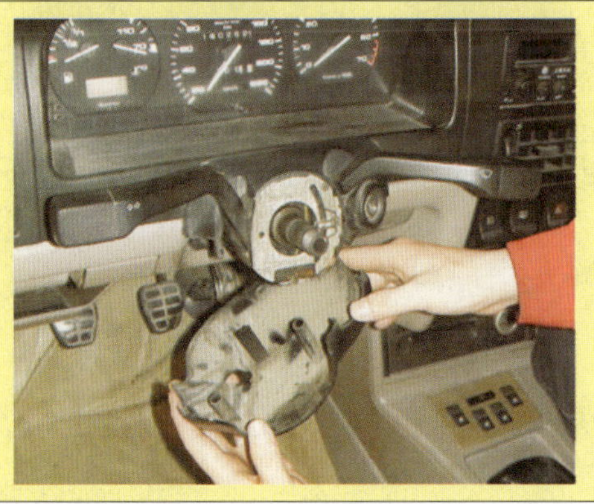	7. 取下转向柱下装饰罩。

	8. 取下转向柱上装饰罩。
	9. 拔下组合开关线束插头。 提示： ◆用手捏住插头两侧，稍稍用力，拔下插头。 ◆组合开关上分别有变光开关线束插头、转向灯开关线束插头和雨刮器线束插头。
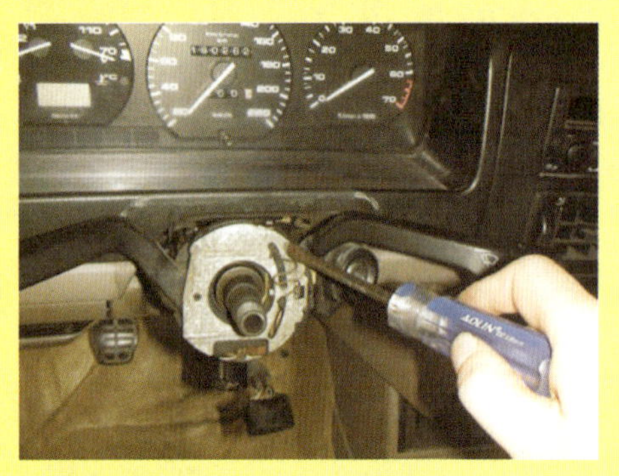	10. 拆卸组合开关固定螺栓。 提示： ◆组合开关有 3 个固定螺栓。
	11. 取下组合开关总成。 提示： ◆左侧为转向灯开关，右侧为雨刮器开关。

	12. 取下仪表板的装饰条。 提示： ◆撬出装饰条时用力不能太大，以防损坏。
	13. 拆下仪表板固定螺钉。 提示： ◆仪表板四个角各有一颗固定螺钉。
	14. 取下仪表板。 提示： ◆用手抓住仪表板两侧，将仪表板轻轻拉出。 注意： 因仪表板背面装有线束，不可过度向外拉出，以防损坏线束。
	15. 拔下仪表板后面的线束插头。 提示： ◆用手压住卡口，拔下线束插头。 ◆不可用手拽拉导线，以防损坏线束。

四、拆卸仪表台下部装饰板	
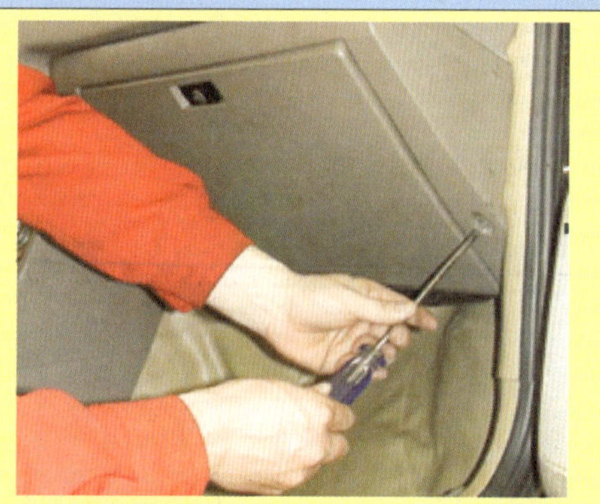	1. 拆卸杂物箱。 a. 拆卸杂物箱外部固定螺钉。 提示： ◆杂物箱右侧共有两颗固定螺钉。
	b. 打开杂物箱，拆卸杂物箱内部固定螺钉。 提示： ◆杂物箱内上方共有两颗固定螺钉（左右各一颗）。
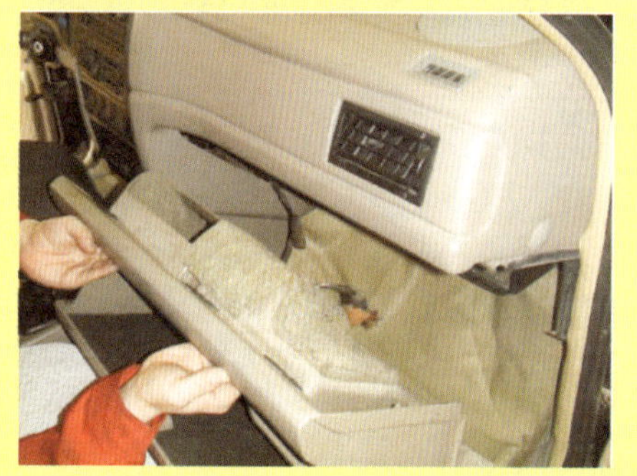	c. 取下杂物箱。 提示： ◆杂物箱左侧有卡勾，取下时先将杂物箱向右上方推，待卡勾脱离卡沟槽后，取下杂物箱。 注意： 因杂物箱背面装有线束，不可过度向外拉出，以防损坏线束。
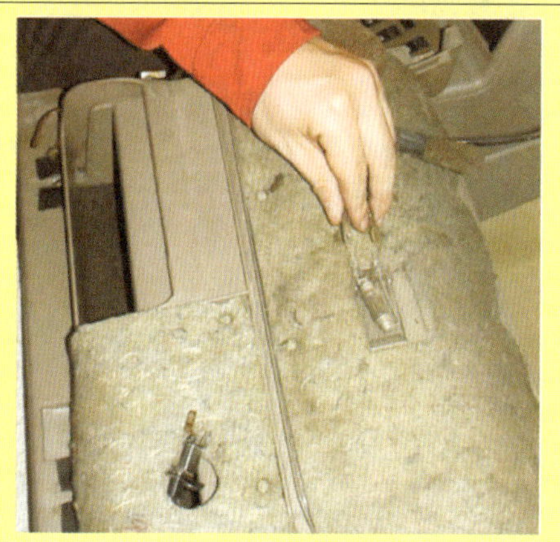	d. 拔下杂物箱灯泡导线插头。 提示： ◆杂物箱内装有照明灯，用于杂物箱照明。 ◆杂物箱灯泡导线插头有两根导线。

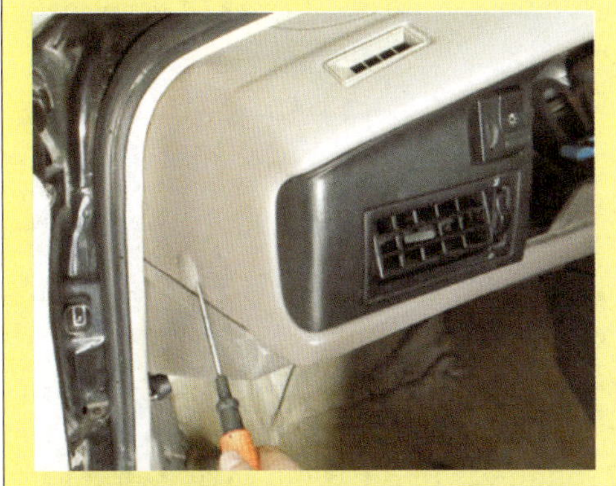	2. 撬下仪表台左侧固定螺钉盖。
	3. 拆下左侧仪表台固定螺钉。
	4. 取下熔断器盖。
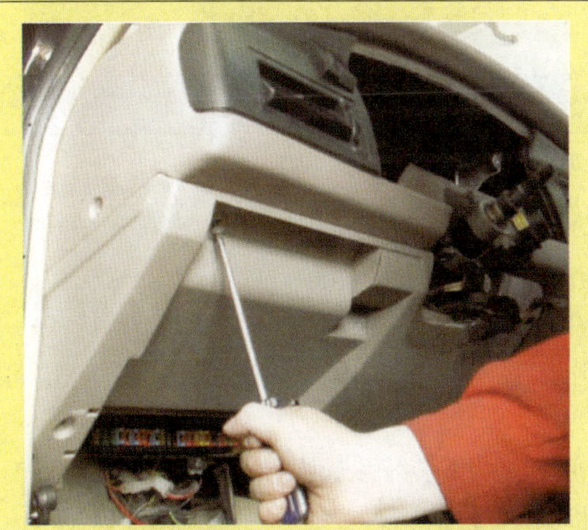	5. 拆下仪表台左侧下方盖板固定螺钉（盖板左侧）。

	6. 拆下仪表台左侧下方盖板固定螺钉（盖板右侧）。 a. 先拆下固定螺钉装饰罩。 b. 再拆下盖板右侧固定螺钉。
	7. 取下仪表台左侧下方盖板。 提示： ◆注意此盖板比较大，拆卸时用力不能太大。
五、拆卸仪表台中间控制面板	
	1. 拆卸收放机。 a. 取出收放机。 提示： ◆收放机后部两侧有卡勾，取出时需用手压下卡勾后拉出。 注意： 因收放机后部装有线束，不可过度向外拉出，以防损坏线束。

<table>
<tr>
<td></td>
<td>b. 拔下收放机天线插头。</td>
</tr>
<tr>
<td></td>
<td>c. 拔下收放机线束插头。
提示：
◆用手压住两侧卡口，拔下线束插头。
注意：
不可用手拽拉导线，以防损坏线束。</td>
</tr>
<tr>
<td>
</td>
<td>2. 拔下空调开关手柄。
提示：
◆有鼓风机挡位旋钮、空调出风口位置手柄、温度调节手柄、空调内外循环切换手柄。</td>
</tr>
<tr>
<td></td>
<td>3. 取出空调控制面板。
注意：
因空调控制面板后部装有线束，不可过度向外拉出，以防损坏线束。</td>
</tr>
</table>

	4. 拔下空调控制面板后部线束插头。 提示： ◆分别有风量控制线束、空调开关控制线束、空调控制面板照明灯接线。
	5. 拆卸雾灯开关。 a. 取出雾灯开关。 提示： ◆雾灯开关后部两侧有卡勾，取出时需压下卡勾后取出。 注意： 因雾灯开关后部装有线束，不可过度向外拉出，以防损坏线束。
	b. 拔下雾灯开关线束插头。 提示： ◆捏住插头两侧，用力拔下线束插头。不可拽拉导线，以防损坏线束。
	6. 依次拆卸后窗加热除霜开关、危险警报灯开关、防盗报警指示灯、ABS 故障指示灯。 提示： ◆采用拆卸雾灯开关相同的方法，拆下其余开关及插头。

7. 拆卸仪表台中间控制面板固定螺钉。

提示：

◆中间控制面板背面共有两颗固定螺钉。

8. 取下仪表台中间控制面板。

注意：

因仪表台中间控制面板后部装有点烟器线束，不可过度向外拉出，以防损坏线束。

9. 拔下点烟器线束插头，取出中间控制面板。

六、拆卸仪表台

1. 拆卸前照灯组合开关及线束插头。

提示：

◆拆卸方法与雾灯开关拆卸方法相同。

 	2. 拆下右通风口面板。 a. 拔下右通风管道。 b. 按图示位置拧下右通风口面板固定螺钉。 c. 取出右通风口面板。
	3. 拆卸左通风口面板。 a. 拔下左通风管道。 b. 拆下左通风口背面的两颗固定螺钉。 c. 取出左通风口面板。
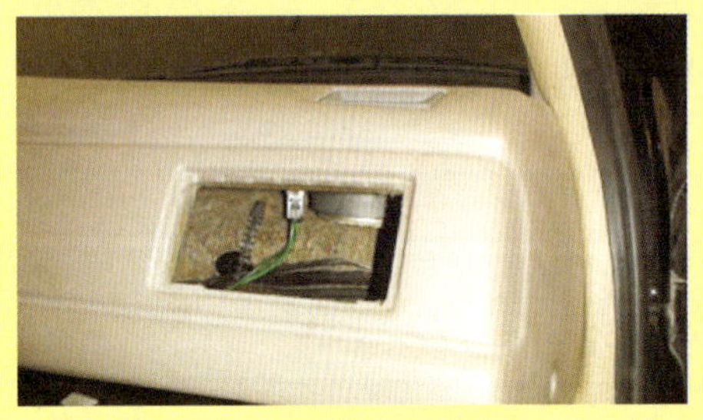	4. 拔下仪表台扬声器线束插头。 提示： ◆仪表台左、右各有一个扬声器。
	5. 拆卸变速器操纵台固定螺钉。

	6. 将变速器操纵台向后方拉开一段距离。 提示： ◆此步骤的目的是保证有足够的空间以取出仪表台。
	7. 拆下左右 A 柱内侧装饰条。
 	8. 拆除仪表台前部固定螺母。 提示： ◆仪表台前部固定螺母共有两个，位置如左图所示。
	9. 取出仪表台。 提示： ◆两人配合，稍向上用力，取下仪表台。

<table>
<tr><th colspan="2">七、安装仪表台</th></tr>
<tr><td></td><td>1. 安放仪表台总成。
提示：
◆两人配合，稍向下用力，装上仪表台。</td></tr>
<tr><td></td><td>2. 拧紧仪表板固定螺母。
提示：
◆左右各一个固定螺母。
◆螺母的力矩为 15 N · m。</td></tr>
<tr><td></td><td>3. 安装左右 A 柱内侧装饰条。
提示：
◆安装前检查 A 柱内侧装饰条固定卡。</td></tr>
<tr><td>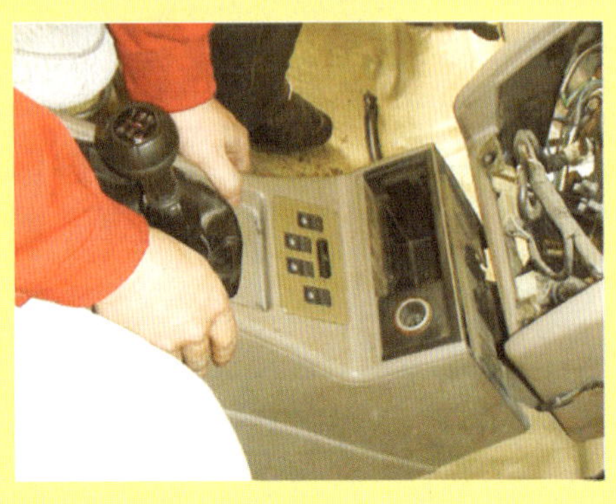</td><td>4. 安装变速器操纵台。
a. 变速器操纵杆挂入空挡，向前推变速器操纵台。</td></tr>
</table>

	b. 将变速器操纵杆挂入3挡，拧紧变速器操纵台与手制动器之间的固定螺钉。
	5. 安装仪表台左、右扬声器插接器。
 	6. 安装左、右通风调节器饰板总成。 a. 安装通风调节器背面的通风管道。 b. 拧紧通风调节机构的饰板和背面固定螺钉。
	7. 安装前照灯组合开关。 a. 接插前照灯组合开关插头。 b. 推入前照灯组合开关。

八、安装仪表台中间控制面板	
	1. 插接点烟器线束插头。
	2. 拧紧仪表台中间控制面板背面固定螺钉。 提示： ◆中间控制面板背面共有两颗固定螺钉。
	3. 接插 ABS 故障指示灯插头，安装 ABS 故障指示灯。
	4. 接插防盗报警指示灯插头，安装防盗报警指示灯。

	5. 接插危险报警灯开关插头，安装危险报警灯开关。
	6. 接插后窗加热除霜开关插头，安装后窗加热除霜开关。
	7. 接插防雾灯开关插头，安装防雾灯开关。
	8. 接插空调控制面板照明灯插头。

	9. 接插空调控制面板后部线束插头。 提示： ◆分别有风量控制线束、空调开关控制线束、空调控制面板照明接线。
	10. 安装空调控制面板。
	11. 安装空调各种控制开关的接口按钮。 提示： ◆有鼓风机挡位旋钮、空调出风口位置手柄、温度调节手柄、空调内外循环切换手柄。
	12. 安装收放机。 a. 插接收放机天线、电源喇叭插头。 b. 将收放机推入到位。

九、安装仪表台下部装饰板	
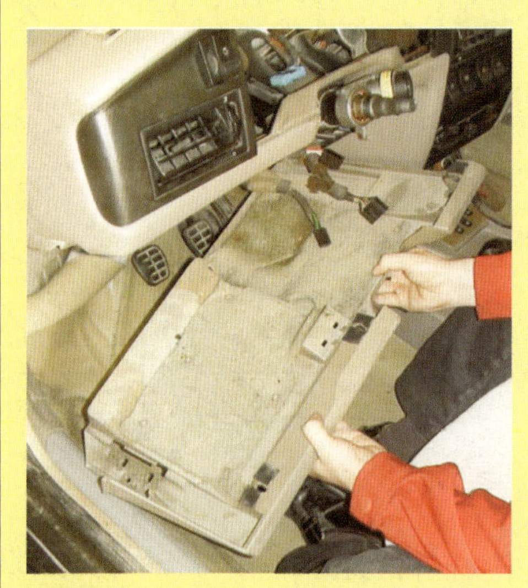	1. 安装仪表台左侧下方盖板。 a. 将仪表台左侧下方盖板安装到位。
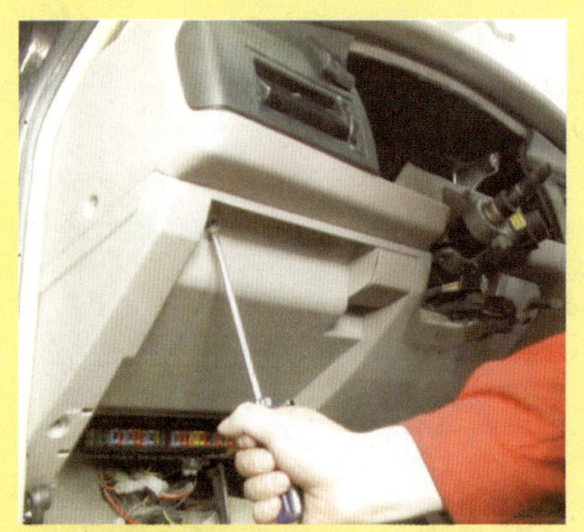	b. 拧紧仪表台左侧下方盖板固定螺钉。
	c. 安装左侧仪表台固定螺钉。 d. 盖上螺钉装饰罩。

	2. 安装杂物箱。 a. 插接杂物箱照明灯和照明灯触点开关导线插头。 提示： ◆注意正负极，以防短路。
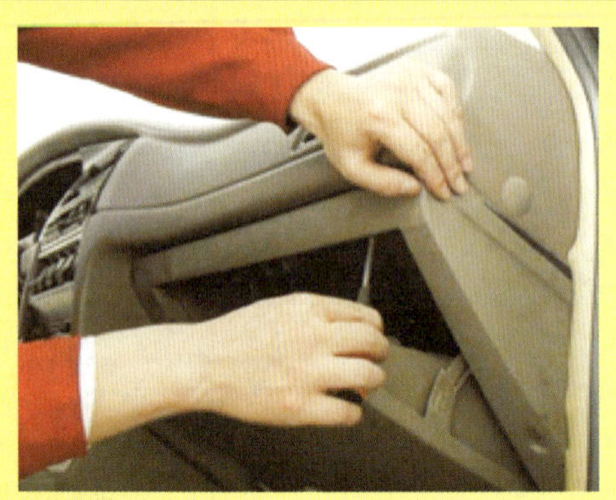	b. 将杂物箱安放到位。 c. 拧紧杂物箱内的固定螺钉。
	3. 安装熔断器盖。
十、安装仪表板、转向盘	
	1. 安装仪表板 a. 插接仪表板背面线束插头。 b. 安装仪表板固定螺钉。

	c. 安装仪表板装饰条。
	2. 安装组合开关。 a. 将组合开关组装好。 b. 将组合开关安放到转向柱上。
	c. 拧紧组合开关固定螺栓。 提示： ◆共有 3 个固定螺栓。
	d. 插接转向灯线束插头、变光开关线束插头和雨刮器线束插头。 提示： ◆插接时可边左右轻微抖动边向上推。

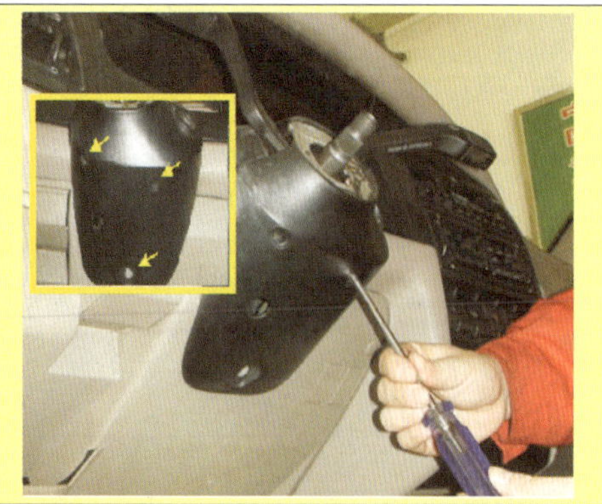	3. 安装转向柱上下装饰罩。 提示： ◆转向柱下装饰罩有 3 个固定螺栓。
	4. 安装转向盘。 a. 将转向盘安放到位。 提示： ◆前轮正直向前，将方向盘安放在中间位置。 ◆左右轻微抖动方向盘可以使安装更为轻松。
	b. 安放转向盘固定螺母的垫片。 c. 拧紧转向盘固定螺母。 提示： ◆两人配合安装（一人固定转向盘，一人用工具拧紧固定螺母）。 ◆固定螺母的力矩为 40 N · m。
	5. 安装喇叭盖板。 a. 连接喇叭线路。

b. 安装喇叭盖板。

提示：

◆两边均匀用力将盖板向下压至到位。

十一、仪表板功能开关检查

1. 安装蓄电池负极接线。

提示：

◆螺栓拧紧力矩 10 N · m。

2. 打开点火开关，检查仪表板各指示灯。

提示：

◆ABS 报警指示灯、SRS 报警指示灯、冷却液位报警指示灯、防盗报警指示灯应亮 2 s 后自动熄灭。

◆机油压力报警灯和充电报警灯常亮。

3. 检查车辆灯光。

提示：

◆小灯、牌照灯、前照灯、雾灯、转向灯、倒车灯、制动灯、行李箱灯、顶灯、后阅读灯等均应工作正常。

4. 辅助电气设备。

提示：

◆雨刮器、电动后视镜、电动车窗、点烟器、音响等均应工作正常。

5. 起动发动机，检查仪表板仪表及各指示灯。

提示：

◆仪表板各指示灯应全部熄灭。

◆燃油表、水温表、发动机转速表、车速表指针应按实际工况指示。

十二、仪表系统故障排除

1. 水温表不工作。

a. 检查水温传感器插接器。

提示：

◆插接器松动，应修复。

注意：

操作时应注意安全，以防烫伤。

b. 检查水温传感器电阻。

提示：

◆测量水温传感器 2#与 4#端子间电阻。

水温	电阻
20℃	2～3 kΩ
40℃	0.1～1 kΩ
80℃	0.2～0.5 kΩ
100℃	0.1～0.3 kΩ

	c. 检查水温传感器导线。 提示： ◆测量水温传感器 2#导线与车身搭铁之间的电阻，应不大于 1 Ω。 ◆测量水温传感器 4#导线与中央接线盒背面 D29 之间的电阻，应不大于 1 Ω。 ◆测量中央接线盒背面 D29 与 B7 之间的电阻，应不大于 1 Ω。 ◆测量中央接线盒背面 B7 与仪表板背面插接器 T26/16 之间的电阻，应不大于 1 Ω。
	d. 更换水温表。 提示： ◆如果以上检查都正常，应更换水温表。 注意： 操作时应注意安全，以防烫伤。
	2. 仪表板背景灯不亮。 a. 检查灯光开关。 提示： ◆打开灯光开关，测量灯光开关背面 58b 端子电压，应为 12 V。
	b. 测量导线电阻。 提示： ◆测量灯光开关背面 58b 与仪表板背面插接器 T26/17 之间的电阻，应不大于 1 Ω。 ◆测量仪表板背景灯电阻，应不大于 1 Ω。

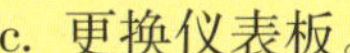

c. 更换仪表板。

提示：

◆如果以上检查都正常，应更换仪表板。

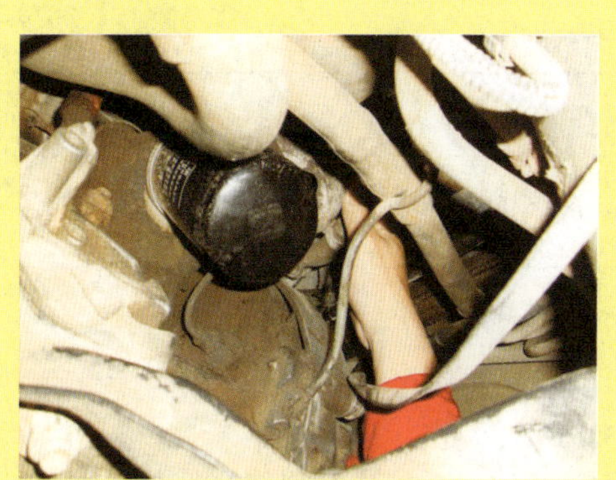

3. 机油压力报警灯不亮。

a. 测量机油压力报警开关。

提示：

◆发动机未发动时，机油压力报警开关接线柱对地电阻应小于 1 Ω。

◆机油压力报警开关损坏需更换新品。

b. 检查机油压力报警灯灯泡。

提示：

◆如灯泡损坏应更换新品。

c. 测量机油压力报警灯线路。

提示：

◆测量机油压力开关导线与仪表板背面插接器 T26/3 之间的电阻，应小于 1 Ω。

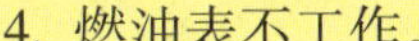

4. 燃油表不工作。

a. 测量燃油表传感器。

提示：

◆测量燃油泵 T3e/1 与 T3e/2 之间的电阻。

b. 测量燃油表传感器导线电阻。

提示：

◆测量燃油表传感器 T3e/2 与中央接线盒背面 E5 之间的电阻，应不大于 1 Ω。

◆测量中央接线盒背面 E5 与 B3 之间的电阻，应不大于 1 Ω。

◆测量中央接线盒背面 B3 与 T26/15 之间的电阻，应不大于 1 Ω。

c. 更换燃油表。

提示：

◆如果以上检查都正常，应更换燃油表。

训练评价（一）

考核要求：

1. 在规定的时间内完成仪表台拆卸和装配，使之符合技术标准。
2. 正确完成电气系统的检查。
3. 在操作过程中出现的违规操作，应及时指正。
4. 符合安全文明生产的要求。

考核标准：

考评标准表——仪表台拆卸

<table>
<tr><th>考核时间</th><th>考 核 项 目</th><th>分值</th><th>评分标准与指导</th><th>评价结果</th></tr>
<tr><td rowspan="11">100 min</td><td>正确使用工具</td><td>10</td><td>工具使用不当酌情扣分，并指正</td><td></td></tr>
<tr><td>拆卸蓄电池负极接线</td><td>5</td><td>按要求酌情扣分，并指正</td><td></td></tr>
<tr><td>拆卸转向盘</td><td>5</td><td>按要求酌情扣分，并指正</td><td></td></tr>
<tr><td>拆卸组合开关</td><td>5</td><td>按要求酌情扣分，并指正</td><td></td></tr>
<tr><td>拆卸仪表板</td><td>15</td><td>按要求酌情扣分，并指正</td><td></td></tr>
<tr><td>拆卸仪表台下部装饰板</td><td>10</td><td>按要求酌情扣分，并指正</td><td></td></tr>
<tr><td>拆卸仪表台中间控制面板</td><td>20</td><td>按要求酌情扣分，并指正</td><td></td></tr>
<tr><td>拆卸仪表台</td><td>20</td><td>按要求酌情扣分，并指正</td><td></td></tr>
<tr><td>整理工具、清理现场</td><td rowspan="2">10</td><td>每项扣 2 分，扣完为止</td><td></td></tr>
<tr><td>遵守相关安全操作规范</td><td>因违规操作发生人身和设备事故，终止考核，成绩按 0 分计
超时每分钟扣 1 分，超时 10 min 终止考核</td><td></td></tr>
<tr><td>分数合计</td><td>100</td><td></td><td></td></tr>
</table>

考评标准表——依表台装配及检查

考核时间	考 核 项 目	分值	评分标准与指导	评价结果
180 min	正确使用工具	10	工具使用不当酌情扣分，并指正	
	安装仪表台	15	按要求酌情扣分，并指正	
	安装仪表台中间控制面板	15	按要求酌情扣分，并指正	
	安装仪表台下部装饰板	10	按要求酌情扣分，并指正	
	安装仪表板	15	按要求酌情扣分，并指正	
	安装组合开关	5	按要求酌情扣分，并指正	
	安装转向盘	5	转向盘位置不正，扣5分	
	安装蓄电池负极接线	5	按要求酌情扣分，并指正	
	仪表、灯光及辅助电气设备检查	10	漏检一项扣1分，扣完为止	
	整理工具、清理现场	10	每项扣2分，扣完为止	
	遵守相关安全操作规范		因违规操作发生人身和设备事故，终止考核，成绩按0分计 超时每分钟扣1分，超时10 min终止考核	
	分数合计	100		

训练评价（二）

考核要求：

1. 在规定的时间内完成仪表系统的故障排除。
2. 在操作过程中出现的违规操作，应及时指正。
3. 符合安全文明生产的要求。

考核标准：

考评标准表——仪表系统故障排除

<table>
<tr><th>考核时间</th><th>考 核 项 目</th><th>分值</th><th>评分标准与指导</th><th>评价结果</th></tr>
<tr><td rowspan="9">60 min</td><td>描述故障现象</td><td>10</td><td>故障现象描述不正确，扣 10 分
故障现象描述不准确，酌情扣分</td><td></td></tr>
<tr><td>分析故障原因</td><td>30</td><td>故障原因分析不正确，扣 30 分
故障原因分析不全面，酌情扣分</td><td></td></tr>
<tr><td>检查故障</td><td>20</td><td>不能明确故障点，扣 20 分</td><td></td></tr>
<tr><td>排除故障</td><td>10</td><td>故障点不能排除，扣 10 分</td><td></td></tr>
<tr><td>故障排除后检验</td><td>10</td><td>故障排除后不检验，扣 10 分</td><td></td></tr>
<tr><td>正确使用工具</td><td>10</td><td>工具使用不当酌情扣分，并指正</td><td></td></tr>
<tr><td>整理工具、清理现场</td><td rowspan="2">10</td><td>每项扣 2 分，扣完为止</td><td></td></tr>
<tr><td>遵守相关安全操作规范</td><td>因违规操作发生人身和设备事故，终止考核，成绩按 0 分计
超时每分钟扣 2 分，超时 5 min 终止考核</td><td></td></tr>
<tr><td>分数合计</td><td>100</td><td colspan="2"></td></tr>
</table>

实训报告：

1. 叙述拆卸仪表台注意事项。
2. 叙述仪表台装配好后应检查哪些项目。

任务 2　电动车窗升降器的拆装和检修

实训目标：

1. 认识电动车窗升降装置的结构、特点。
2. 会对电动车窗升降装置进行检查。
3. 掌握电动车窗升降器的拆装注意事项。
4. 会对电动车窗升降装置故障进行检修。

实训设备：

1. 桑塔纳 2000 型轿车 1 台，零件车 1 台，工具车 1 台。
2. 常用工具 1 套，万用表 1 只，抹布若干。
3. 桑塔纳 2000 型轿车维修手册 1 套，电动车窗的相关挂图、图册若干。

技能训练：

一、操作前的准备工作

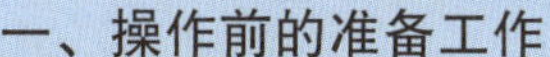

1. 将工位清理干净。
2. 准备好相关的工具、物品等。

提示：

◆养成良好的工作习惯，做好事前准备，有助于安全操作和提高工作效率。

二、拆卸蓄电池负极接线

1. 关闭点火开关。
2. 打开发动机舱盖并支撑。
3. 拆卸蓄电池电极柱接线。

注意：

拆卸蓄电池负极线后，使之可靠离开负极柱，以防短路事故。

三、拆卸电动车窗升降器

知识链接：

目前，电动车窗在家用轿车上几乎成了标准配置。它省去了驾驶员手摇车窗的麻烦，而且可以同时控制多个车窗的开闭，为驾驶员和乘员提供了很大的便利。

桑塔纳2000型轿车电动车窗的电气部分由过热熔丝（20 A、125号位）、开关、自动继电器（中央线路板14号位）、延时继电器（中央线路板15号位）、直流电动机等组成，机械部分由蜗轮、蜗杆、绕线轮、钢丝绳、导轨、滑动支架等组成。

1. 拆卸车门内把手。

a. 取下车门内把手固定螺钉防护盖。

提示：

◆上下各有一个固定螺钉防护盖。

	b. 拆卸车门内把手上固定螺钉。
	c. 拆卸内把手下固定螺钉。 d. 取下车门内把手。
	2. 拆卸车门内饰板。 a. 取下车门锁内拉手饰框。 提示： ◆将饰框向一侧推出。
	b. 旋下车门保险按钮。

	c. 拆卸车门内饰板固定螺钉。
	d. 取下车门内饰板。
	3. 拔下电动车窗电动机插头。 提示： ◆捏住插头根部卡子，向外拔出插头。
	4. 拆卸电动车窗升降机总成。 a. 拆卸电动车窗升降器电动机固定螺栓。

<table>
<tr><td>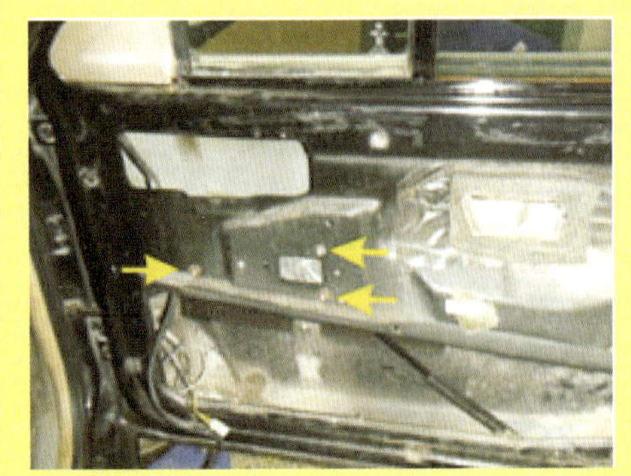</td><td>提示：
◆共有 3 个固定螺栓，位置如左图所示。</td></tr>
<tr><td></td><td>b. 拆卸车窗玻璃托板。
提示：
◆共有两个固定螺栓，位置如左图所示。</td></tr>
<tr><td></td><td>注意：
将车窗玻璃固定好后拆卸，以防车窗玻璃掉落，发生事故。</td></tr>
<tr><td></td><td>c. 拆卸拉索导轨固定螺栓。
提示：
◆有一个固定螺栓，位置如左图所示。</td></tr>
</table>

	注意： 将车窗玻璃固定好后拆卸，以防车窗玻璃掉落，发生事故。
	d. 取出电动车窗升降器总成。
四、安装电动车窗升降器总成	
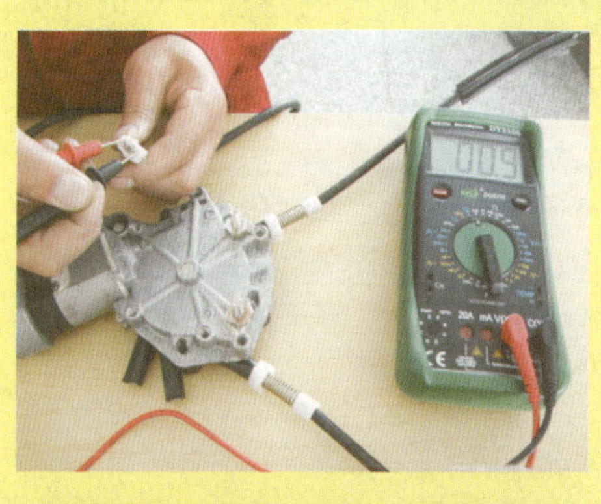	1. 检查电动车窗升降器电动机。 提示： ◆测量电动机线圈的电阻值，正常阻值应为 1.0 Ω 左右，否则电动机损坏，必须更换。
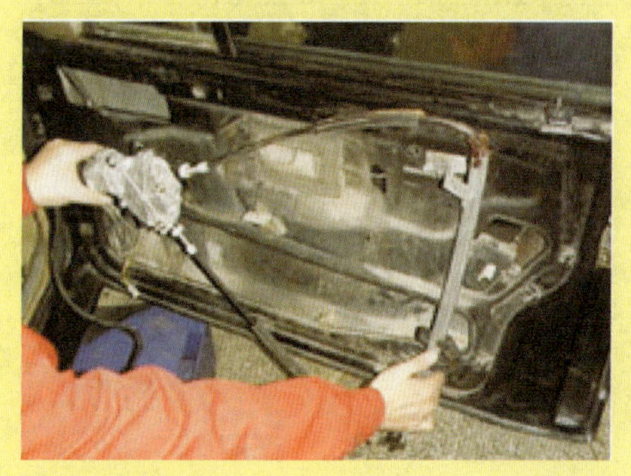	2. 安装电动车窗升降器总成。 a. 将电动车窗升降器安放到位。

	b. 将车窗玻璃提至上方并保持位置。
	c. 拧紧拉索导轨固定螺栓。
	d. 将车窗玻璃下移。 提示： ◆使车窗玻璃托板固定螺栓孔与拉索导轨上的螺栓孔对齐，并保持。
	e. 拧紧车窗玻璃托板固定螺栓。 提示： ◆共有两个固定螺栓，位置如左图所示。

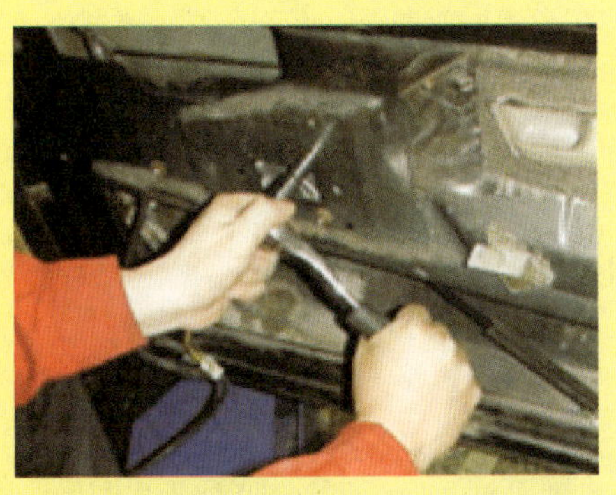	f. 拧紧电动动车窗升降器电动机固定螺栓。 提示： ◆共有 3 个固定螺栓。
	3. 安装电动动车窗电动机插头。 提示： ◆插件应牢固。
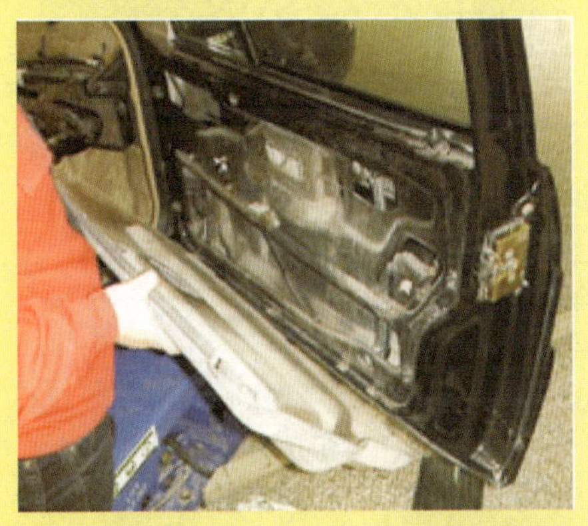	4. 安装车门内饰板。 a. 将车门内饰板安放到位。
	b. 拧紧车门内饰板固定螺钉。

	c. 旋上车门保险按钮。
	d. 安装车门锁内拉手饰框。 提示： ◆将饰框向一侧推入。
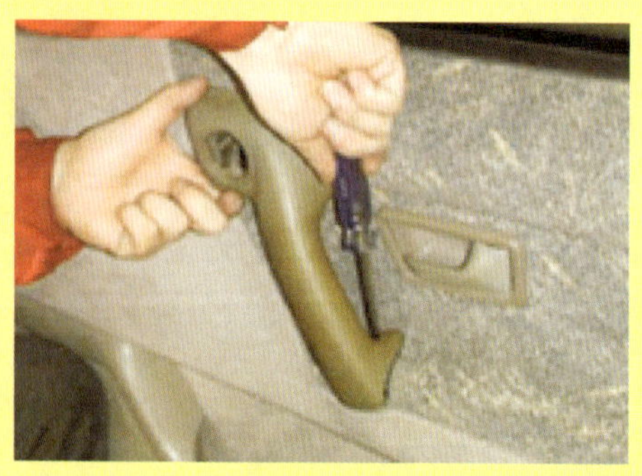	5. 安装车门内把手。 a. 将车门内把手安装到位。 b. 拧紧车门内把手下固定螺钉。
	c. 拧紧车门内把手上固定螺钉。

	d. 安装车门内把手上固定螺钉防护盖。
五、检查电动车窗工作情况	
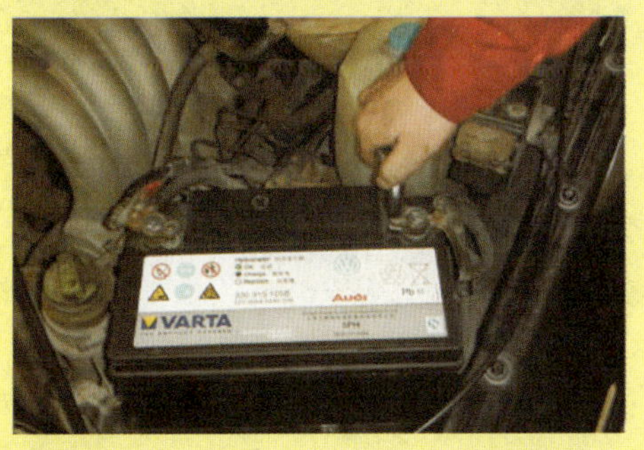	1. 安装蓄电池负极接线。 提示: ◆螺栓拧紧力矩 10 N · m。
	2. 打开点火开关。
	3. 向下按动电动车窗开关。 提示: ◆车窗应向下滑动。 ◆滑动中无异响和卡滞现象。

<table>
<tr><td></td><td>4. 向上挑起电动车窗开关。
提示：
◆车窗应向上滑动。
◆滑动中无异响和卡滞现象。</td></tr>
<tr><td colspan="2">六、电动车窗故障排除</td></tr>
<tr><td></td><td>1. 单个电动车窗不工作。
a. 检查故障电动车窗的开关。
提示：
◆开关损坏需更换。</td></tr>
<tr><td></td><td>b. 检查故障电动车窗的电动机插头。
提示：
◆插头如松旷，应修复。</td></tr>
<tr><td></td><td>c. 检查故障电动车窗的升降电动机。
提示：
◆如电动机损坏应更换。</td></tr>
</table>

2. 4 个电动车窗均不工作。

a. 检查熔丝。

提示：

◆S12（15 A），如损坏应更换。

b. 检查电动车窗热保护器。

提示：

◆S124，如损坏应更换。

c. 检查电动车窗继电器。

提示：

◆电动车窗继电器在中央电气盒 15 号位置。

◆继电器损坏需更换。

提示：

◆其他车门电动车窗升降器的拆装方法与此相同。

◆安装后车门电动车窗应升降自如，无卡滞现象，否则应检查升降器电动机和传动部分。

训练评价（一）

考核要求：

1. 在规定的时间内完成电动车窗升降器总成的拆装，使之符合技术标准。
2. 在操作过程中出现的违规操作，应及时指正。
3. 符合安全文明生产的要求。

考核标准：

考评标准表——拆装电动车窗升降器总成

考核时间	考 核 项 目	分值	评分标准与指导	评价结果
60 min	正确使用工具	10	工具使用不当酌情扣分，并指正	
	拆卸蓄电池负极接线	5	按要求酌情扣分，并指正	
	拆卸车门内把手	5	按要求酌情扣分，并指正	
	拆卸车门内饰板	10	按要求酌情扣分，并指正	
	拆卸电动车窗升降器总成	15	按要求酌情扣分，并指正	
	检查升降器电动机	10	按要求酌情扣分，并指正	
	安装电动车窗升降器总成	15	按要求酌情扣分，并指正	
	安装车门内饰板	10	按要求酌情扣分，并指正	
	安装车门内把手	5	按要求酌情扣分，并指正	
	安装蓄电池负极接线	5	按要求酌情扣分，并指正	
	整理工具、清理现场	10	每项扣 2 分，扣完为止	
	遵守相关安全操作规范		因违规操作发生人身和设备事故，终止考核，成绩按 0 分计 超时每分钟扣 1 分，超时 10 min 终止考核	
	分数合计	100		

训练评价（二）

考核要求：

1. 在规定的时间内完成电动车窗的故障排除。
2. 在操作过程中出现的违规操作，应及时指正。
3. 符合安全文明生产的要求。

考核标准：

考评标准表——电动车窗故障排除

考核时间	考 核 项 目	分值	评分标准与指导	评价结果
60 min	描述故障现象	10	故障现象描述不正确，扣 10 分 故障现象描述不准确，酌情扣分	
	分析故障原因	30	故障原因分析不正确，扣 30 分 故障原因分析不全面，酌情扣分	
	检查故障	20	不能明确故障点，扣 20 分	
	排除故障	10	故障点不能排除，扣 10 分	
	故障排除后检验	10	故障排除后不检验，扣 10 分	
	正确使用工具	10	工具使用不当酌情扣分，并指正	
	整理工具、清理现场	10	每项扣 2 分，扣完为止	
	遵守相关安全操作规范		因违规操作发生人身和设备事故，终止考核，成绩按 0 分计 超时每分钟扣 2 分，超时 5 min 终止考核	
	分数合计	100		

实训报告：

1. 叙述拆装电动车窗升降器总成的步骤。
2. 叙述拆装电动车窗升降器总成的注意事项。

任务 3　雨刮器的拆装和检修

实训目标：

1. 认识雨刮器的结构、特点。
2. 了解雨刮器的型号规格。
3. 会对雨刮器进行检查。
4. 掌握雨刮器的拆装注意事项。
5. 会对雨刮器故障进行检修。

实训设备：

1. 桑塔纳 2000 型轿车 1 台，零件车 1 台，工具车 1 台。
2. 常用工具 1 套，万用表 1 只，抹布若干。
3. 桑塔纳 2000 型轿车维修手册 1 套，雨刮器的相关挂图若干。

技能训练：

一、操作前的准备工作

1. 将工位清理干净。
2. 准备好相关的工具、物品等。

提示：

◆养成良好的工作习惯，做好事前准备，有助于安全操作和提高工作效率。

二、拆卸蓄电池负极接线

1. 关闭点火开关。
2. 打开发动机舱盖并支撑。
3. 拆卸蓄电池电极柱接线。

注意：

拆卸蓄电池负极线后，使之可靠离开负极柱，以防发生短路事故。

知识链接：

下雨的时候，司机都会打开汽车前挡风玻璃上的雨刮器的开关，让两只雨刮片将前挡风玻璃的雨水刮去，以拥有一个有效的视野。

雨刮器总成含有电动机、减速器、四连杆机构、刮水臂心轴、刮水片总成等。当司机按下雨刮器的开关时，电动机启动，电动机的转速经过蜗轮蜗杆的减速增扭作用驱动摆臂，摆臂带动四连杆机构，四连杆机构带动安装在前围板上的转轴左右摆动，最后由转轴带动雨刮片刮扫挡风玻璃。桑塔纳 2000 型轿车有两个雨刮臂，由一个电动机带动，称为“单机双臂”。

三、拆卸雨刮器臂

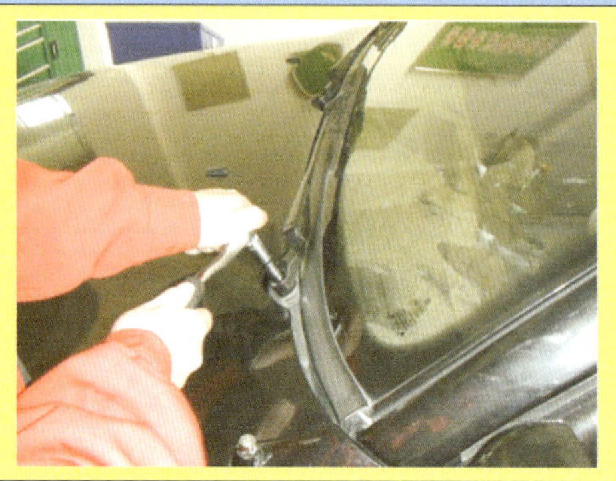

1. 拧下左雨刮器臂固定螺母。

<table>
<tr><td>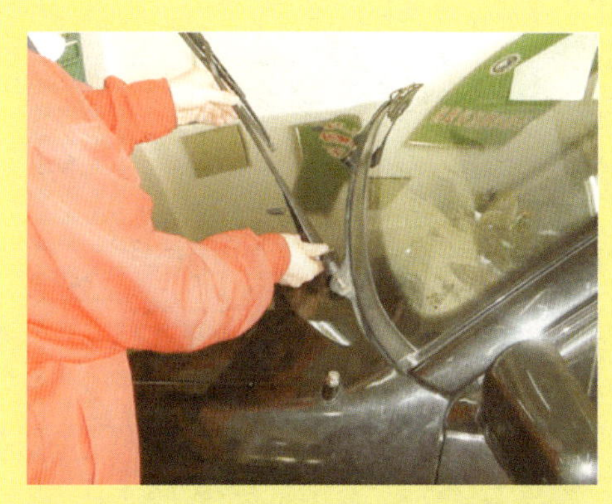</td><td>2. 取下左雨刮器臂。
3. 拆卸右雨刮器臂。
提示：
◆右雨刮器臂的安装方法与左雨刮器臂相同。</td></tr>
<tr><td colspan="2">四、拆卸雨刮器电动机摇臂总成</td></tr>
<tr><td></td><td>1. 拆卸雨刮器摇臂轴上的固定螺母。</td></tr>
<tr><td></td><td>2. 打开并支撑发动机舱盖。</td></tr>
<tr><td>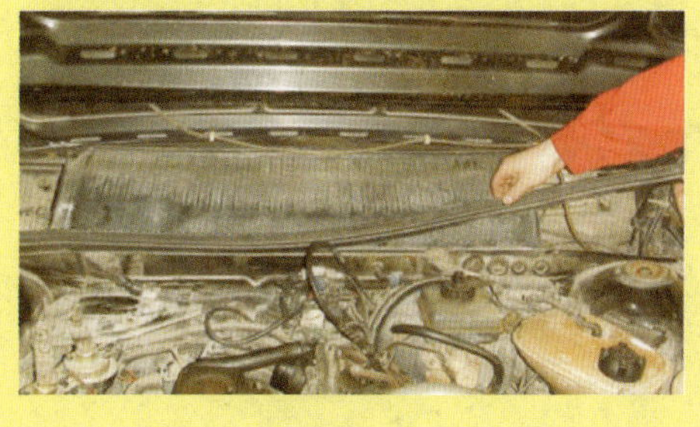</td><td>3. 取下防尘板压条。</td></tr>
</table>

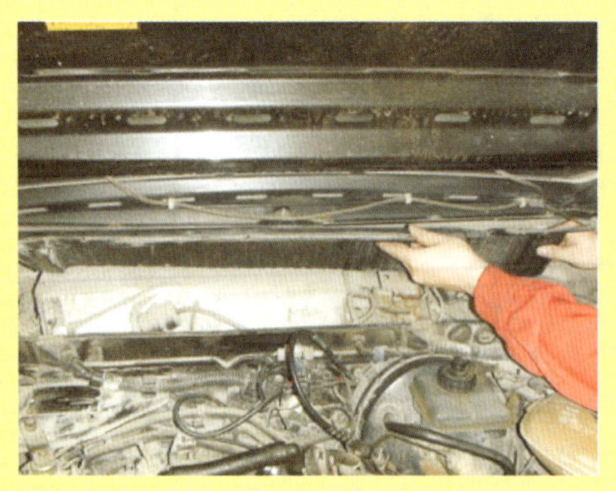	4. 取下防尘板。
	5. 拔下雨刮器电动机插头。 提示： ◆捏住插头根部卡子，向外拔出插头。
	6. 拆卸雨刮器电动机支架固定螺栓。
	7. 取下雨刮器电动机摇臂总成。

<table>
<tr><th colspan="2">五、分解雨刮器电动机摇臂总成</th></tr>
<tr><td>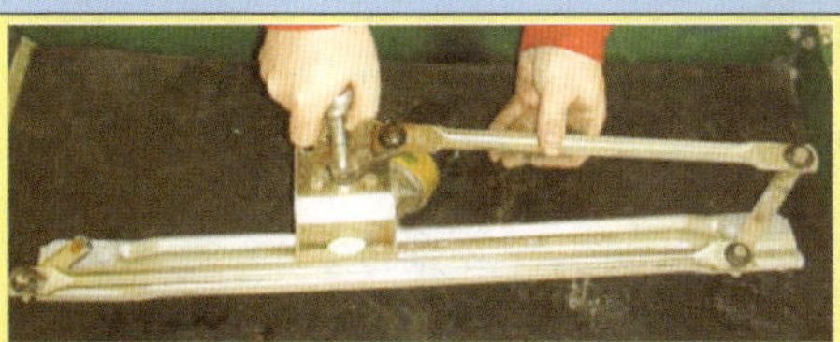</td><td>1. 拆卸雨刷摇臂固定螺母和螺栓。</td></tr>
<tr><td>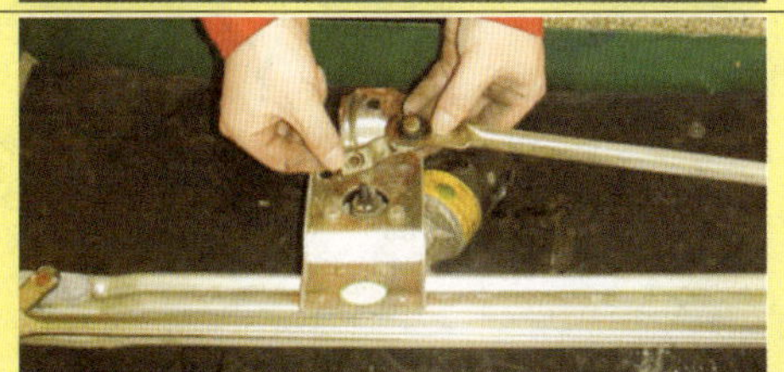</td><td>2. 拆下雨刷摇臂。</td></tr>
<tr><td></td><td>3. 拆卸雨刷电动机固定螺栓。
提示：
◆共有 3 个固定螺栓。</td></tr>
<tr><td>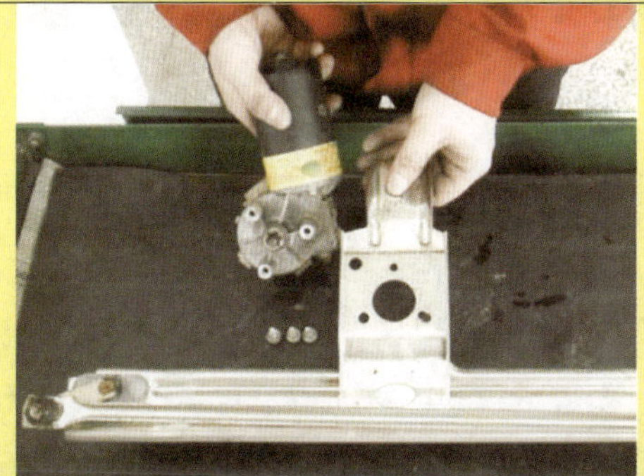</td><td>4. 取下雨刷器电动机。</td></tr>
<tr><th colspan="2">六、组装雨刮器电动机摇臂总成</th></tr>
<tr><td>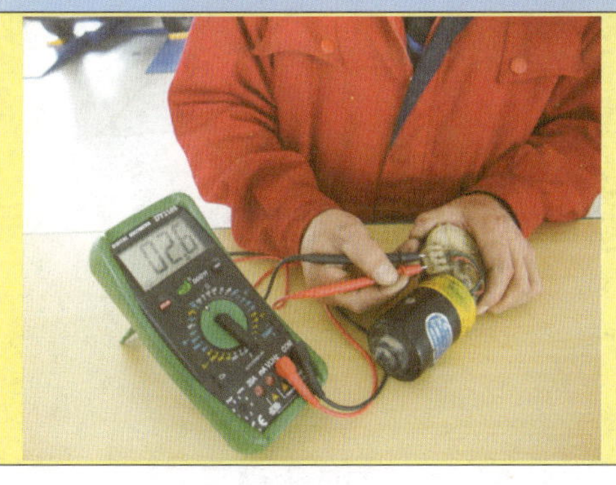</td><td>1. 检查雨刮器电动机。
提示：
◆测量电动机电阻值，正常阻值为 2.5 Ω 左右，如不符则说明电动机损坏，必须更换。</td></tr>
</table>

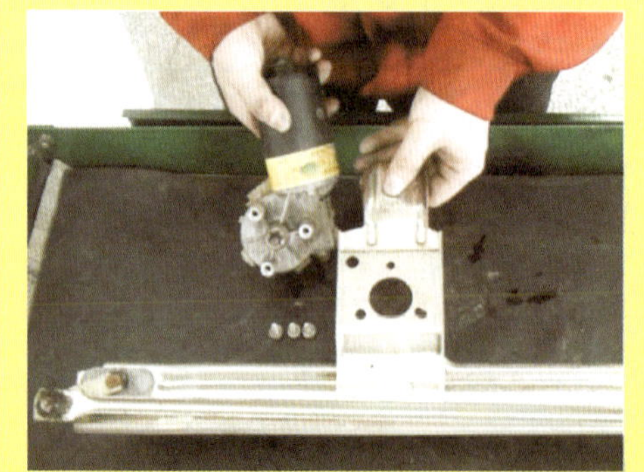	2. 将雨刮器电动机安放到位。
	3. 拧紧雨刷电动机固定螺栓。 提示： ◆共有 3 个雨刮器固定螺栓。
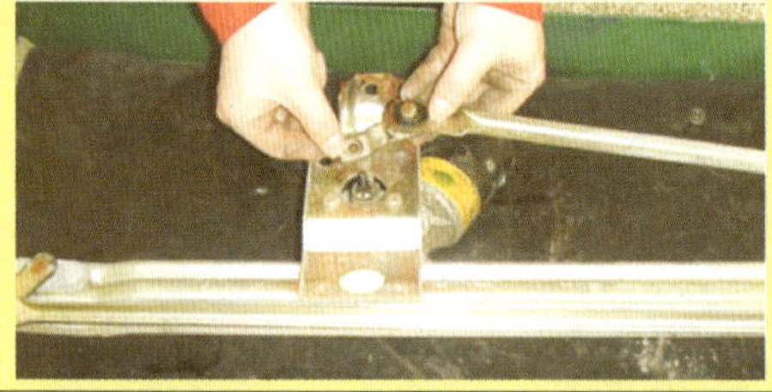	4. 装复雨刷摇臂。
	5. 拧紧雨刷摇臂固定螺母和螺栓。
七、安装雨刮器电动机摇臂总成	
	1. 将雨刮器电动机摇臂总成安放到位。

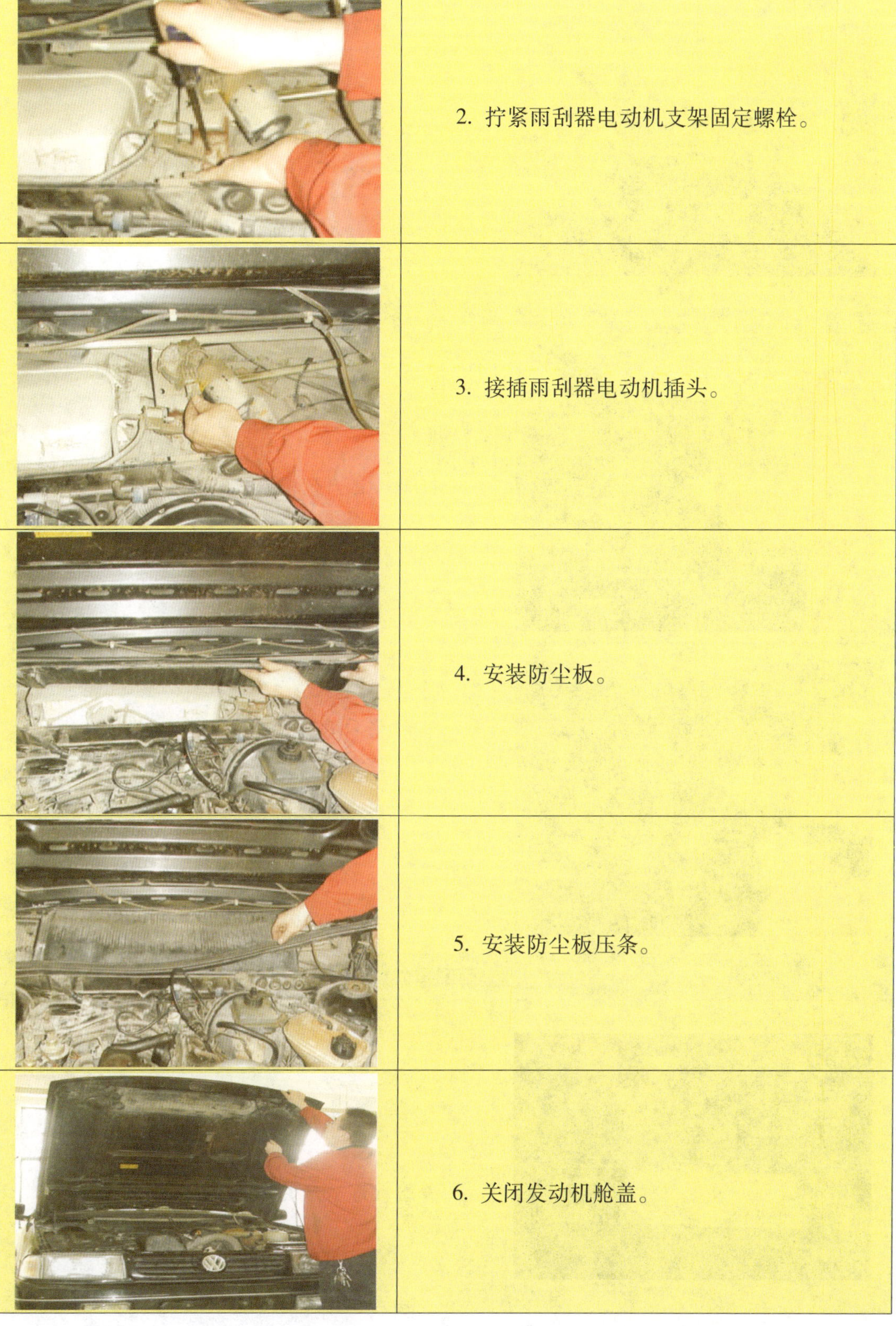

	2. 拧紧雨刮器电动机支架固定螺栓。
	3. 接插雨刮器电动机插头。
	4. 安装防尘板。
	5. 安装防尘板压条。
	6. 关闭发动机舱盖。

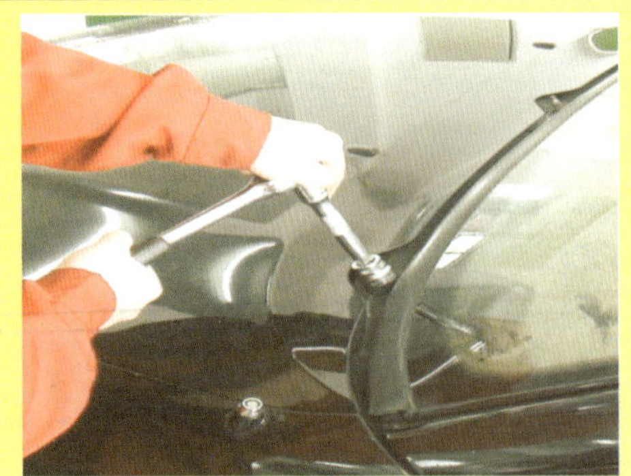	7. 拧紧雨刮器摇臂轴上的固定螺母。
八、安装雨刮器臂	
	1. 将左雨刮器臂安放到位。
	2. 拧紧左雨刮器臂固定螺母。 3. 安装右雨刮器臂。 提示: ◆右雨刮器臂的安装方法与左雨刮器臂相同。
九、检查雨刮器工作情况	
	1. 安装蓄电池负极接线。 提示: ◆螺栓拧紧力矩 10 N·m。

<table>
<tr><td></td><td>注意：
不得在前挡风玻璃上无水的情况下进行雨刮器工作情况检查。
2. 打开点火开关。</td></tr>
<tr><td></td><td>3. 向上挑动雨刮器开关。
提示：
◆喷水电动机应工作，向前挡风玻璃喷水，且喷水位置在玻璃中心。
◆雨刮器臂以慢挡频率刮水。</td></tr>
<tr><td></td><td>4. 将雨刮器开关拨至间隙挡。
提示：
◆雨刮器臂间隙刮水。
◆刮片不能打滑或刮不干净，否则需要更换雨刮器刮片。</td></tr>
<tr><td></td><td>5. 将雨刮器开关拨至慢挡。
提示：
◆雨刮器臂以慢挡频率刮水。
◆刮片不能打滑或刮不干净，否则需要更换雨刮器刮片。</td></tr>
</table>

	6. 将雨刮器开关拨至快挡。 提示： ◆雨刮器臂以快挡频率刮水。 ◆刮片不能打滑或刮不干净，否则需要更换雨刮器刮片。
	7. 将雨刮器开关拨至停止挡。 提示： ◆雨刮器臂应在前挡风玻璃下方停止。
十、雨刮器故障排除	
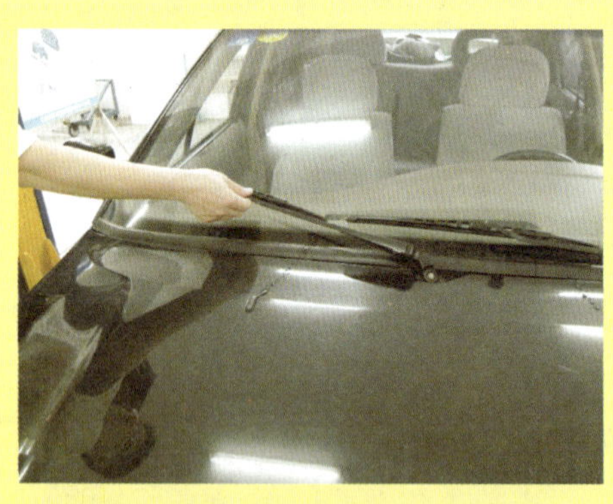	1. 雨刮器回位不当。 调整雨刮器臂的安装位置。 提示： ◆关闭雨刮器后，将雨刮器臂调整至前挡风玻璃下方位置后固定。
	2. 雨刮器不工作。 a. 检查 S11（15 A）熔丝。 提示： ◆熔丝如损坏应更换。

b. 检查刮水继电器。

提示：

◆刮水继电器在中央电气盒 10 号位置。

◆继电器损坏需更换。

c. 检查雨刮器电动机线束插头。

提示：

◆如插头松旷，应修复。

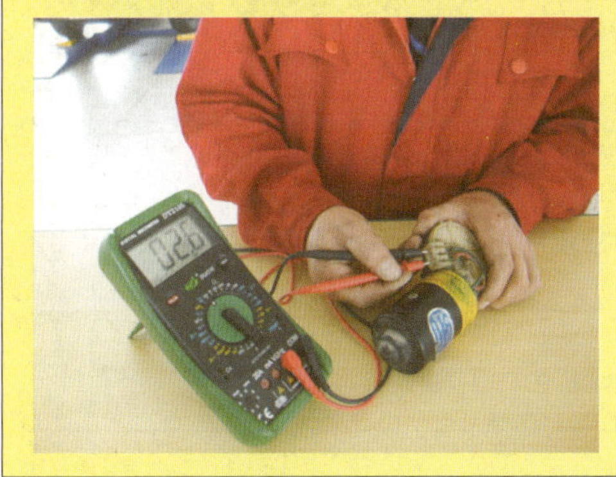

d. 检查雨刮器电动机。

提示：

◆如电动机损坏应更换。

训练评价（一）

考核要求：

1. 在规定的时间内完成雨刮器的拆装，使之符合技术标准。
2. 在操作过程中出现的违规操作，应及时指正。
3. 符合安全文明生产的要求。

考核标准：

考评标准表——拆装雨刮器

考核时间	考 核 项 目	分值	评分标准与指导	评价结果
45 min	正确使用工具	10	工具使用不当酌情扣分，并指正	
	拆卸蓄电池负极接线	5	按要求酌情扣分，并指正	
	拆卸雨刮器臂	10	按要求酌情扣分，并指正	
	拆卸雨刮器电动机摇臂总成	15	按要求酌情扣分，并指正	
	分解雨刮器电动机摇臂总成	5	按要求酌情扣分，并指正	
	检查雨刮器电动机	10	按要求酌情扣分，并指正	
	组装雨刮器电动机摇臂总成	5	按要求酌情扣分，并指正	
	安装雨刮器电动机摇臂总成	10	按要求酌情扣分，并指正	
	安装雨刮器臂	10	按要求酌情扣分，并指正	
	安装蓄电池负极接线	5	按要求酌情扣分，并指正	
	检查雨刮器工作情况	5	按要求酌情扣分，并指正	
	整理工具、清理现场	10	每项扣2分，扣完为止	
	遵守相关安全操作规范		因违规操作发生人身和设备事故，终止考核，成绩按0分计 超时每分钟扣1分，超时10 min终止考核	
	分数合计	100		

训 练 评 价（二）

考核要求：

1. 在规定的时间内完成雨刮器的故障排除。
2. 在操作过程中出现的违规操作，应及时指正。
3. 符合安全文明生产的要求。

考核标准：

考评标准表——雨刮器故障排除

<table>
<tr><th>考核时间</th><th>考 核 项 目</th><th>分值</th><th>评分标准与指导</th><th>评价结果</th></tr>
<tr><td rowspan="9">45 min</td><td>描述故障现象</td><td>10</td><td>故障现象描述不正确，扣 10 分
故障现象描述不准确，酌情扣分</td><td></td></tr>
<tr><td>分析故障原因</td><td>30</td><td>故障原因分析不正确，扣 30 分
故障原因分析不全面，酌情扣分</td><td></td></tr>
<tr><td>检查故障</td><td>20</td><td>不能明确故障点，扣 20 分</td><td></td></tr>
<tr><td>排除故障</td><td>10</td><td>故障点不能排除，扣 10 分</td><td></td></tr>
<tr><td>故障排除后检验</td><td>10</td><td>故障排除后不检验，扣 10 分</td><td></td></tr>
<tr><td>正确使用工具</td><td>10</td><td>工具使用不当酌情扣分，并指正</td><td></td></tr>
<tr><td>整理工具、清理现场</td><td rowspan="2">10</td><td>每项扣 2 分，扣完为止</td><td></td></tr>
<tr><td>遵守相关安全操作规范</td><td>因违规操作发生人身和设备事故，终止考核，成绩按 0 分计
超时每分钟扣 2 分，超时 5 min 终止考核</td><td></td></tr>
<tr><td>分数合计</td><td>100</td><td></td><td></td></tr>
</table>

实训报告：

1. 叙述拆装雨刮器的步骤。
2. 叙述拆装雨刮器的注意事项。

任务 4　电动后视镜的拆装和检修

实训目标：

1. 认识电动后视镜的结构、特点。
2. 了解电动后视镜的型号规格。
3. 会对电动后视镜进行检查。
4. 掌握电动后视镜的拆装注意事项。
5. 会对电动后视镜故障进行检修。

实训设备：

1. 桑塔纳 2000 型轿车 1 台，零件车 1 台，工具车 1 台。
2. 常用工具 1 套，万用表 1 只，抹布若干。
3. 桑塔纳 2000 型轿车维修手册 1 套，电动后视镜的相关挂图若干。

技能训练：

一、操作前的准备工作

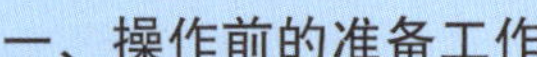

1. 将工位清理干净。
2. 准备好相关的工具、物品等。

提示：

◆养成良好的工作习惯，做好事前准备，有助于安全操作和提高工作效率。

二、拆卸蓄电池负极接线

1. 关闭点火开关。
2. 打开发动机舱盖并支撑。
3. 拆卸蓄电池电极柱接线。

注意：

拆卸蓄电池负极线后，使之可靠离开负极柱，以防发生短路事故。

三、拆卸电动后视镜总成

知识链接：

电动后视镜是目前高档汽车上普遍使用的调节装置，驾驶员在车内通过按钮用电气装置控制转动部件来调节后视镜达到所需视角，这样的操作轻松、快捷、方便，还解决了拉索后视镜在调节右外后视镜时因驾驶员远离按钮而产生的操作不便的问题。

电动后视镜由镜面玻璃（反射面）、双电动机、连接件、传动机构与壳体等组成。控制开关由旋转开关、摇动开关及线束等组成。

电动后视镜是车身两侧最外凸的部件，通常最易被外力所损坏。尤其桑塔纳 2000 型轿车的后视镜，不能像有些车辆的后视镜可以内折等。因此，在繁华拥挤的道路上行驶或在停放时，都要估计好距离。一旦外壳破损、镜面开裂应及时更换新件。

1. 拆卸电动后视镜控制开关。

a. 撬出电动后视镜控制开关。

提示：

◆动作不可粗暴，以防损坏元件。

	b. 向外拉出电动后视镜控制开关。 提示： ◆不可过多向外拉拽，以防损坏插头和线束。
	c. 拔下电动后视镜控制开关插头。 提示： ◆不可拽拉导线，以防损坏。
	2. 拆卸车门内把手。 a. 拆卸车门内把手上固定螺钉。
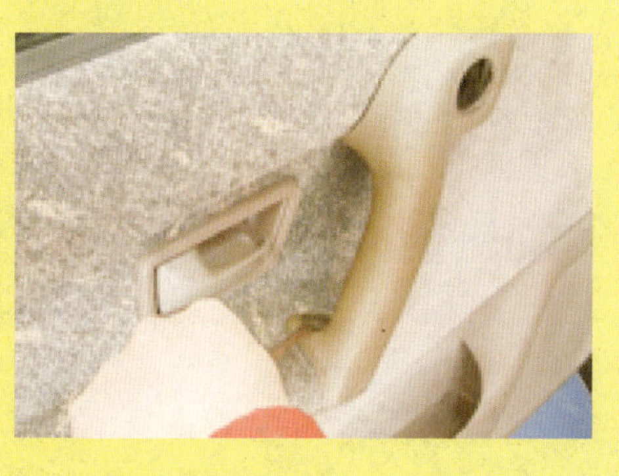	b. 取下车门内把手下固定螺钉防护盖。

	c. 拆卸车门内把手固定螺钉。
	d. 取下车门内把手。
	3. 拆卸车门内饰板。 a. 取下车门锁内拉手饰框。 提示： ◆将饰框向一侧推出。
	b. 旋下车门保险按钮。

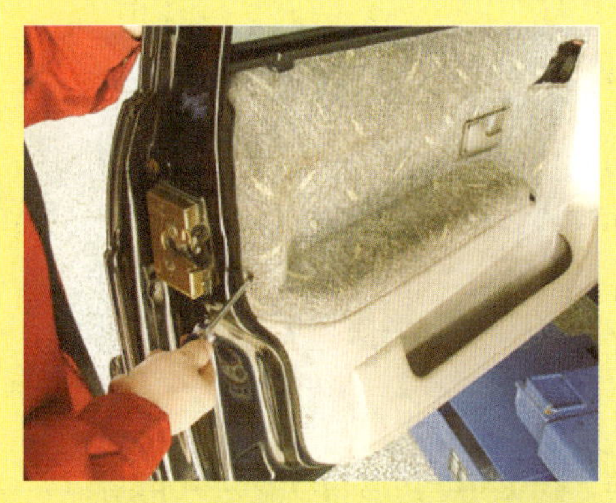	c. 拆卸车门内饰板固定螺钉。
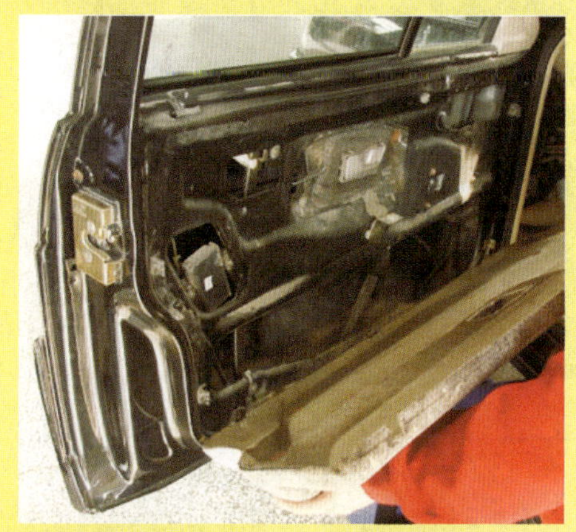	d. 取下车门内饰板。
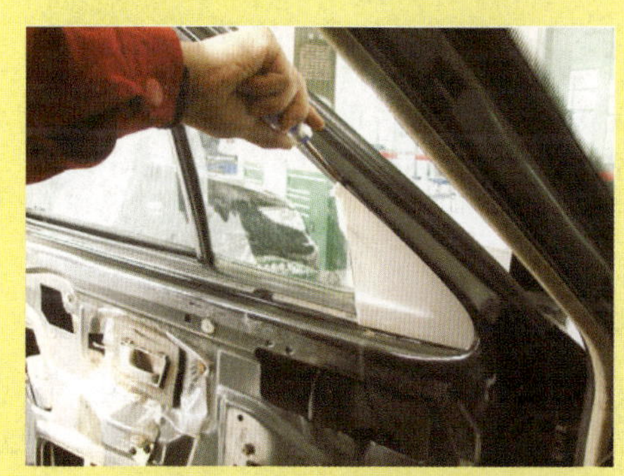	4. 拆卸电动后视镜固定底板内饰板。 a. 撬开内饰板。
	b. 取下内饰板。

	5. 拆卸电动后视镜总成。 a. 拔下电动后视镜线束插头。 提示： ◆不可拽拉导线，以防损坏。
	b. 拆卸电动后视镜固定螺栓。 提示： ◆共有 3 个固定螺栓。 注意： 拆卸时需将电动后视镜固定，以防掉落损坏。
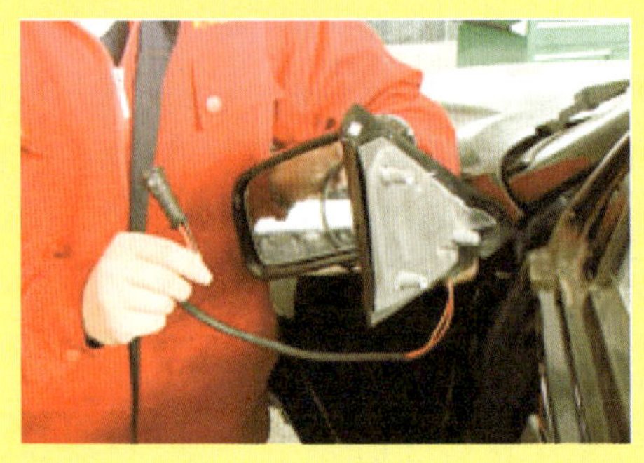	c. 取下电动后视镜。
四、安装电动后视镜总成	
	1. 检查电动后视镜。 提示： ◆将万用表打到二极管挡的位置。 ◆检查电动后视镜电动机是否导通，如不导通需更换电动后视镜。

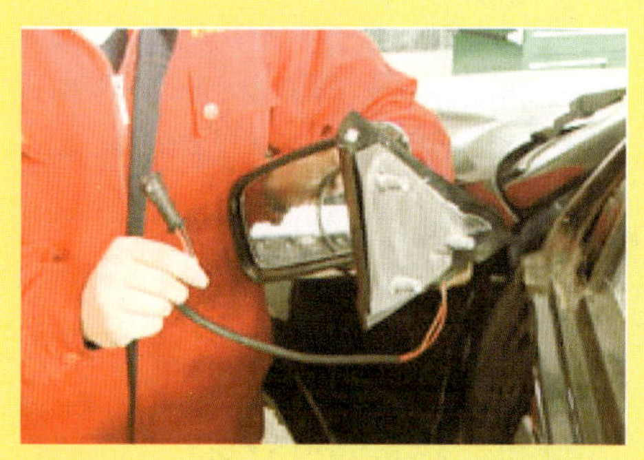	2. 安装电动后视镜。 a. 穿入电动后视镜线束。
	b. 将电动后视镜装复到位。 c. 拧紧电动后视镜固定螺栓。 提示: ◆共有 3 个固定螺栓。
	d. 接插电动后视镜线束插头。
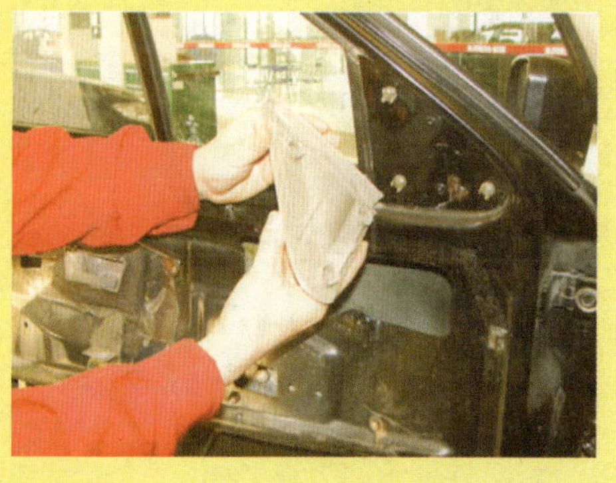	3. 安装电动后视镜固定底板内饰板。 提示: ◆四周均匀用力向内压，使内饰板安装到位。

	4. 安装车门内饰板。 a. 装复车门内饰板。
	b. 拧紧车门内饰板固定螺钉。
	c. 旋上车门保险按钮。
	d. 装复车门锁内拉手饰框。 提示： ◆将饰框向一侧推入。

	5. 安装车门内把手。 a. 将车门内把手安放到位。
	b. 拧紧车门内把手下固定螺钉。
	c. 拧紧车门内把手上固定螺钉。
	d. 安装车门内把手下固定螺钉防护盖。

	6. 安装电动后视镜控制开关。 a. 接插电动后视镜控制开关插头。
	b. 装复电动后视镜控制开关。 提示： ◆将电动后视镜控制开关向内按入。
五、检查电动后视镜工作情况	
	1. 安装蓄电池负极接线。 提示： ◆螺栓拧紧力矩 10 N · m。
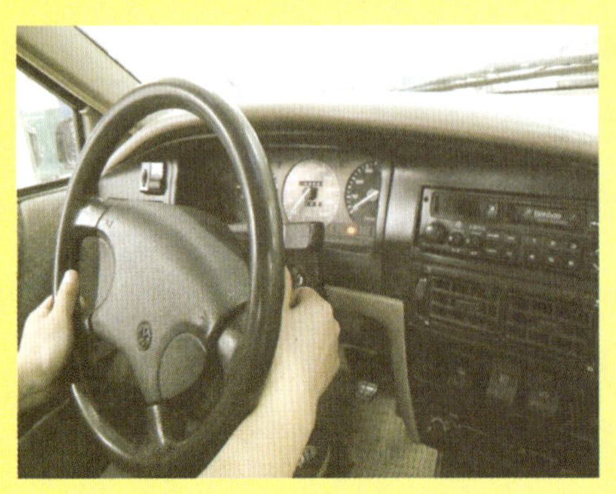	2. 打开点火开关。

	3. 逆时针转动电动后视镜开关。
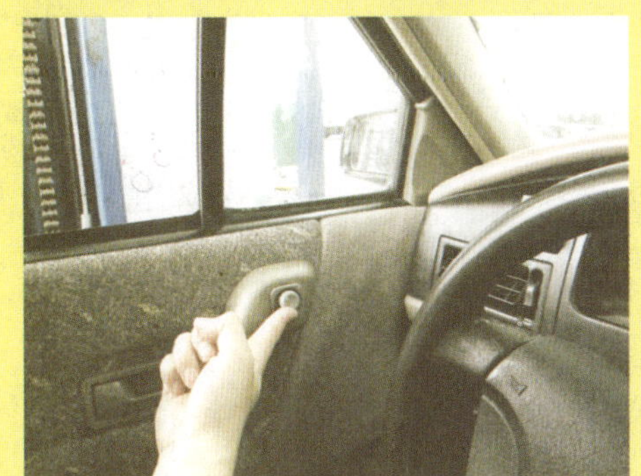	4. 将电动后视镜开关进行上、下、左、右拨动。 提示： ◆左侧的电动后视镜应随着开关的拨动以相同的方向进行调节。
	5. 顺时针转动电动后视镜开关。
	6. 将电动后视镜开关进行上、下、左、右拨动。 提示： ◆右侧的电动后视镜应随着开关的拨动以相同的方向进行调节。

六、电动后视镜不工作检修

1. 检查电动后视镜电动机。

提示：

◆将万用表打到二极管挡的位置。

◆检查电动后视镜电动机是否导通，如不导通需更换电动后视镜。

2. 检查线路的通断，如有必要需更换新件。

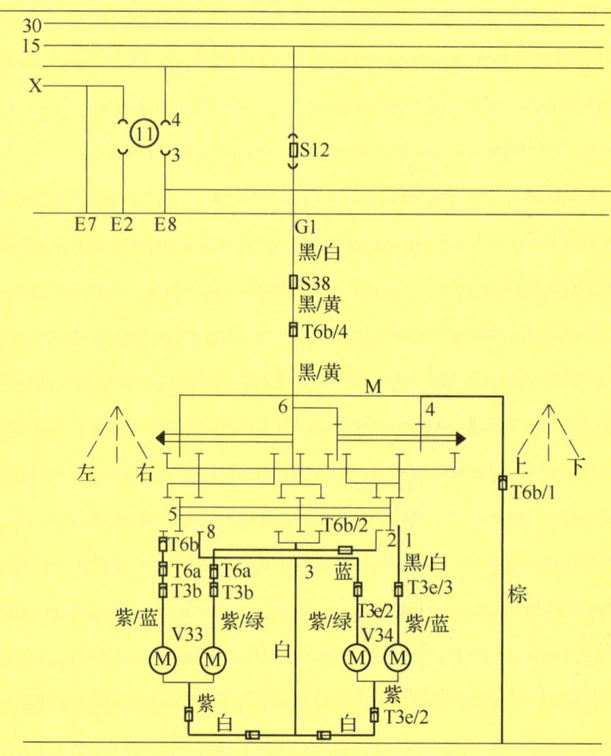

训 练 评 价 (一)

考核要求：

1. 在规定的时间内完成电动后视镜总成的拆装，使之符合技术标准。
2. 在操作过程中出现的违规操作，应及时指正。
3. 符合安全文明生产的要求。

考核标准：

考评标准表——拆装电动后视镜总成

考核时间	考 核 项 目	分值	评分标准与指导	评价结果
30 min	正确使用工具	10	工具使用不当酌情扣分，并指正	
	拆卸蓄电池负极接线	5	按要求酌情扣分，并指正	
	拆卸电动后视镜控制开关	5	按要求酌情扣分，并指正	
	拆卸车门内把手	5	按要求酌情扣分，并指正	
	拆卸车门内饰板	10	按要求酌情扣分，并指正	
	拆卸后视镜固定底板内饰板	5	按要求酌情扣分，并指正	
	拆卸电动后视镜总成	10	按要求酌情扣分，并指正	
	检查、安装电动后视镜	10	按要求酌情扣分，并指正	
	装复后视镜固定底板内饰板	5	按要求酌情扣分，并指正	
	安装车门内饰板	10	按要求酌情扣分，并指正	
	安装车门内把手	5	按要求酌情扣分，并指正	
	安装电动后视镜控制开关	5	按要求酌情扣分，并指正	
	安装蓄电池负极接线	5	按要求酌情扣分，并指正	
	整理工具、清理现场	10	每项扣 2 分，扣完为止	
	遵守相关安全操作规范		因违规操作发生人身和设备事故，终止考核，成绩按 0 分计 超时每分钟扣 1 分，超时 10 min 终止考核	
	分数合计	100		

训 练 评 价（二）

考核要求：

1. 在规定的时间内完成电动后视镜的故障排除。
2. 在操作过程中出现的违规操作，应及时指正。
3. 符合安全文明生产的要求。

考核标准：

考评标准表——电动后视镜故障排除

考核时间	考 核 项 目	分值	评分标准与指导	评价结果
30 min	描述故障现象	10	故障现象描述不正确，扣 10 分 故障现象描述不准确，酌情扣分	
	分析故障原因	30	故障原因分析不正确，扣 30 分 故障原因分析不全面，酌情扣分	
	检查故障	20	不能明确故障点，扣 20 分	
	排除故障	10	故障点不能排除，扣 10 分	
	故障排除后检验	10	故障排除后不检验，扣 10 分	
	正确使用工具	10	工具使用不当酌情扣分，并指正	
	整理工具、清理现场	10	每项扣 2 分，扣完为止	
	遵守相关安全操作规范		因违规操作发生人身和设备事故，终止考核，成绩按 0 分计 超时每分钟扣 2 分，超时 5 min 终止考核	
	分数合计	100		

实训报告：

1. 叙述拆装电动后视镜总成的步骤。
2. 叙述拆装电动后视镜总成的注意事项。